Consumption and Consumer Society
The Craft Consumer and Other Essays

消费与消费社会

[英] 科林·坎贝尔 (Colin Campbell) 著
徐 超 译

重庆大学出版社

First published in English under the title
Consumption and Consumer Society: The Craft Consumer and Other Essays, edition:1
by Colin Campbell

This edition has been translated and published under license from
Springer Nature Switzerland AG.
版贸核渝字(2024)第194号

图书在版编目(CIP)数据

消费与消费社会/(英)科林·坎贝尔(Colin Campbell)著;徐超译. -- 重庆:重庆大学出版社, 2025. 5. -- ISBN 978-7-5689-5242-2

Ⅰ. C913.3

中国国家版本馆CIP数据核字第20257LH655号

消费与消费社会

XIAOFEI YU XIAOFEI SHEHUI

[英]科林·坎贝尔(Colin Campbell) 著

徐 超 译

责任编辑:张春花　　版式设计:张春花

责任校对:刘志刚　　责任印制:赵 晟

*

重庆大学出版社出版发行

社址:重庆市沙坪坝区大学城西路21号

邮编:401331

电话:(023)88617190　88617185(中小学)

传真:(023)88617186　88617166

网址:http://www.cqup.com.cn

邮箱:fxk@cqup.com.cn(营销中心)

全国新华书店经销

重庆新生代彩印技术有限公司印刷

*

开本:787mm×1092mm　1/16　印张:9.5　字数:223千

2025年5月第1版　2025年5月第1次印刷

ISBN 978-7-5689-5242-2　定价:45.00元

目　录

第 1 章

导言

这本文集收录了我近30年来的文章，反映了20世纪80年代末90年代初人们对消费和消费社会研究兴趣的兴起。在这一时期，不同学科的众多学者将注意力转向了这一全新的研究领域——对我而言，这在很大程度上是关注文化变革的副产品。正是1987年《浪漫主义伦理与现代消费主义精神》一书的出版，让我真正投身于这个领域的研究。而且，重要的是，从一开始，我在这一领域的研究就是在一种独特的理论视角和研究方法的指导下进行的。它也是本文集中十篇论文的基础。大体说来，这种理论视角和研究方法主要是从主观和文化角度来理解现代先进社会中商品和服务的购买与使用的。因此，这种方法与经济学中传统的理性主义建模方法和社会学中常见的典型客观或外部解释方法形成了鲜明对比。因此，虽然本文集中的许多文章在试图揭示态度、观念和理想是如何支撑众多消费行为的，但其他一些文章也较多地关注了我所认为的那些"标准方法"的缺陷。从根本上说，这些方法之所以被摒弃，原因很简单，因为它们无法解释现代消费者行为。经济学没有行动理论，只有决策理论，同时也无法区分传统和现代消费行为，甚至无法解释消费者的需求（want）是如何产生的；标准的社会学方法除了假定消费是一种社会行为而非行动之外，还无法对现代消费的典型特征做出令人信服的解释。例如，人们的需求显然无法满足，以及对新奇事物（the novel）的偏好超过了对熟悉事物（the familiar）的偏好。此外，这两种传统的研究方法在历史上都曾受到将道德说教（moralizing）与解释混为一谈的影响。

这些传统理论方法的缺陷在《求新欲望：时尚理论和现代消费主义理论的本质和社会定位》（1992年）和《炫耀性的困惑：凡勃伦炫耀性消费理论批判》（1995年）中得到了最清晰的体现，而《物品的意义和行为的意义：关于消费社会学的批判性说明》（1996年）[1]一文中则强调了把消费视为必然的社会行为这一具体错误。最后，这些研究方法中常见的传统消费者模式，即"理性英雄""受骗者"或"后现代身份追寻者"，在《手工艺品消费者：后现代社会中的文化、手工艺品和消费》（2005年）一文中被摒弃，而是将消费者视为意义的创造者和操纵者。

至于将解释与道德化相结合的不幸习惯，则在《商品消费与消费的益处》(1994年)一文中得到了较明确的批判。

与这些研究消费的既定传统不同，这些文章体现了一种我在其他地方称之为“动态解释主义”的方法，它从本质上借鉴了新韦伯的个人行动理论。[2]这种方法的核心假设是，真正的行动是有意义的，因为它不仅有动机，而且有理由。事实上，这些过程被认为是一个硬币的两面，因为除非行为者确信某一行为有令人满意的理由，否则就不可能付诸实施。最重要的是，正是这种对正当性的需求在行为者决定采取某项行动与更广泛的文化之间建立了直接的联系，在上文提到的1994年的论文中，我们可以看到这种方法的早期迹象，该论文认为(我们)有可能“看到现代消费的理想主义层面”。将行动者在思考行动时所进行的自我意义建构与更广泛的文化联系起来的，通常是一些强有力而又具有暗示性(因为它们可以有不同的解释)的概念。“需要”(need)和“需求”(want)是消费活动的两个核心概念，本文集中有两篇文章利用访谈材料，探讨了这些术语作为辩护或意识形态修辞的使用方式。其中一篇名为《购物、愉悦与性别战争》(1997年)，揭示了男性和女性如何利用这些术语来为他们截然不同的购物方式辩护；而另一篇名为《消费与“需要”和“需求”的修辞学》(1998年)，阐述了这些术语背后的哲学思想基础，同时也展示了这些术语在帮助个人实现其消费目标方面的关键作用。除此以外，还有一篇近期论文，也是之前未发表的一篇，探讨了这两个极具唤醒力的术语与市场和政府等核心社会机构的关系：见《必需品问题：特殊时期对“需要”和“需求”的反思》(2020年)。[3]

本文集探讨的另一个将消费者的态度和行为与更广泛的文化联系起来的关键概念是“新”(the new)，尤其是“新奇事物”(the novel)。因为对“新”的高度重视不仅是西方社会的一个显著特征，也是理解现代消费者如何能够产生一系列看似无穷无尽的需求的核心。作者在《浪漫主义伦理与现代消费主义精神》(2018年)一书中概述了这一过程的细节，但在本文集中，这一主题被讨论了两次。一次是在批判凡勃伦—齐美尔的消费行为模式的过程中，即《对“新事物”的欲望：时尚和现代消费主义理论中所呈现的其本质和社会定位》(1992年)，第二次是在探讨这一重要价值观在多大程度上渗透到了当代消费市场时，见《“新品”诅咒：加速追逐新品如何驱动过度消费》(2015年)。

从根本上说，本文集中的文章所采取的立场是，要理解现代消费者如何完成他们的消费行为，以及这些行为在他们生活中的意义，就有必要理解这些行为产生的文化背景，而不是经济或社会背景。这一立场的依据不仅仅是当代西方社会生活的高度个性化(这与对消费者主权的强调有关)，而且还在于行动的真正意义——事实上，行动本身的真正性质必然是观察者所看不到的。因此，在缺乏这种信息的情况下，假设行动的意义可以从与消费者所购买和使用的产品相关联的象征意义或行动发生的社会环境中找到，这是不公正的。不过，可以肯定的是，这些意义将由消费者从更广泛的文化里所获得的材料中构建出来。因此，这些文章所要研究的是消费者的意义世界，而消费者的意义世界是在作为更大的社会文化体系标志的紧张关系中体现出来的。这些特殊紧张关系包括:需要与欲望、新奇与熟悉、男性与女性、工作与娱乐、自我权威与专业权威、理想与现实,以及政府的责任与市场的非道德性等。

显而易见,用这种动态的、解释性的方法来理解消费活动,导致对这种人类活动的描绘与长期以来贬低或轻视消费活动的倾向截然不同。相反,通过强调行为者在建构消费行为所需的意义方面所起的关键作用,我们可以看到这些意义与自我的本质、真理和现实等核心问题之间的关系:《"我买故我在":现代消费主义的形而上学基础》(2004年)这篇论文具体探讨了这一主题。此外,这种行为被视为"合法"的核心需求,意味着消费是一种必然具有道德和伦理维度的活动。社会科学家常常把消费描绘成人类活动的一个舞台,要么受平庸的自身利益所支配,要么受贪婪、嫉妒或骄傲等可疑动机所驱使。但本文集中的文章有一个截然不同的前提,那就是消费是一种从更广泛的文化中汲取复杂意义的活动。这些意义绝非平淡无奇,而是与真理的本质、现实、身份、美和美好生活等核心问题息息相关。更重要的是,消费者并不是一个被动的容器或"文化糊涂虫",被安排来执行这些意义。他们是在消费行为本身中创造性地运用这些意义的人。

注 释

[1] 本书未收录的一篇文章也强调了假定消费必然是一种面向他人的社会行为这一错误认识。这篇文章的题目为"*When the Meaning Is Not a Message: A Critique of the Consumption as Communication Thesis*",它出自Mica Nava等人的合著——*Buy This Book: Studies in Advertising and Consumption*. London: Routledge, 1997: 340-351。

[2] 见*The Myth of Social Action* (Cambridge: Cambridge University Press, 1996)。

[3] 本书未收录的另一篇文章也探讨了市场与政府的关系。这篇文章的题目为"*Considering Others and Satisfying the Self: The Moral and Ethical Dimension of Modern Consumption*",它出自Nico Stehr等人的合著——*TheMoralization of the Markets*. New Brunswick, NJ: Transaction Books, 2005: 213-226。

第 2 章

求新欲望:时尚理论和现代消费主义的理论本质及社会定位

导　言[1]

现代消费主义的理论一般都强调,其理论依赖于消费者对新事物的持续欲望,并将其视为现代消费主义区别于传统消费模式的最大特征。事实上,现代消费主义的核心动力被认为与这种欲望密切相关,尤其是在时尚理论中的体现。因此,当代社会对商品和服务的需求水平异常之高,也是这种欲望的功劳。理解现代消费主义就意味着理解新奇事物不断被创造、引入社会并在社会各阶层传播的过程的性质、起源和运作。[2]由此可见,现代消费主义令人满意的理论必须解释:①确保产品和服务所体现的文化新颖性持续供应的机制。②一个群体的性质和社会地位,其对新事物的重视程度足以克服传统和保守主义的惯性力量,从而成为新奇事物(novelty)进入社会的渠道。③相关的伦理或道德思想体系,可为这种创新提供正当理由。④广大民众的动机,这些动机促使他们喜新厌旧,从而对新产品产生欲望。

凡勃伦—齐美尔模式

对这些问题的传统回答倾向于借鉴凡勃伦—齐美尔的时尚与消费理论。也就是说,齐美尔对时尚“向下渗透”(trickle down)的性质及其在社会平等和歧视中的作用的观察,被嵌入了凡勃伦更广泛的炫耀性消费理论中,从而构成了一个关于新奇事物如何首先被引入,然后在整个社会中传播的整体理论。

凡勃伦的炫耀性消费理论(比一般人认为的更复杂、更模糊),[3]实际上没有对新事物(the new)或新奇事物(the novel)做出任何假设。该理论的前提是,财富赋予人们荣誉,因此,个人受尊敬的程度取决于他们拥有财富的多少。因此,个人努力"在金钱地位上出类拔萃",从而"赢得同胞的尊敬和羡慕",凡勃伦认为这种行为体现了"效仿动机"(1925:32),即个人不断地将自己与那些"习惯于将自己归为一类的人"进行恶意比较,从而努力超越自己的同龄人(同上:103)。然而,为了让他人对自己的财富另眼相看,财富必须以金钱实力的形式表现出来,这就要求个人进行炫耀性(或浪费性)的消费。由于个人以超越竞争对手而消费的努力又会刺激他们做出更大的努力,因此这种行为引发了一场无休止的地位争夺战。凡勃伦认为,社会上存在着以"有闲阶级"为首的单一的、普遍认同的社会等级制度。因此,这些效仿努力所体现的消费形式将由这一阶层的习惯和偏好所决定,并通过下级阶层向下渗透。

齐美尔对时尚进行了高度形式主义的处理,认为时尚应被理解为一致性和个性化这两种对立力量所产生的紧张关系的结果(1957:549)。在齐美尔看来,时尚"不过是众多生活形式中的一种,我们试图借助它在统一的活动领域中将社会平等化的趋势与个人差异化和变革的愿望结合起来"(同上:543)。他承认,这种趋势既有助于将个人团结成平等的群体,也有助于他们划分身份等级(同上:544)。在这方面,齐美尔和凡勃伦一样,强调购买和展示商品(这里主要指服饰)对确认个人在身份体系中的位置的功能性意义。然而,与凡勃伦不同的是,齐美尔并不认为身份从根本上源于这种消费活动。他认为,时尚不是身份的来源,而只是其表现形式。但是,齐美尔在精英"有闲阶级"的作用方面确实同意凡勃伦的观点,而且还做出了自己独特的贡献。

在凡勃伦看来,阶层之间的区别本质上是财富的不同,体现为消费习惯上的炫耀性消费程度。而在齐美尔看来,不同的时尚起到了区分阶层的作用,其结果是,下层阶级的成员被认为不是在模仿上层阶级的表面形象(如凡勃伦的模式),而是在模仿上层阶级的品位。

这两种理论之间看似微小的差异,实际上却有着重要的意义,因为它为凡勃伦模式提供了不可或缺的动力。

凡勃伦模式存在的诸多问题之一就是无法解释消费模式的变化。通过炫耀性展示进行的身份竞争并不需要新奇的产品,而且可以与一成不变的传统生活方式愉快地共存。[4]此外,那些处于"有闲阶级"顶峰的人很难被说成是在效仿谁;但如果他们不是受效仿的驱使,那么他们的消费动机又是什么性质的呢? 这一点也很难说。齐美尔试图解决这些问题,他强调时尚包含模仿和区分两种倾向,并认为大众具有参与前者的特殊倾向,而精英则具有参与后者的特殊倾向(同上:545)。[5]齐美尔提出了一个"追逐与逃走"模式(见 McCracken,1988:94f.),并用这种方式将不同的动机归于不同的阶层,而不是像凡勃伦那样假设每个人都受相同动机的驱使,从而成功地解释了时尚不断变化的原因。

显然上层阶级的行为不能被理解为源于模仿倾向(因为他们没有人可以模仿),反而,应该从他们需要在下层阶级成功采用某种特定风格之前将其换掉的角度来解释,但这似乎并不意味着他们对新奇事物的热情需要比下层阶级的人更高。既然每个阶层的成员都有同样要拉开与下一个阶层的距离的愿望,那么为了达到这一目的,他们也会有同样的愿望去接受新事物。同时,齐美尔的理论并不意味着各阶层不断被迫采用的新风格必须是文化上的"新颖",而不仅仅是时间上的"新颖"。然而,他似乎正是做出了这样的假设,不仅将对新颖性(或"异国情调")的欲望与一般而言的"文明"联系在了一起,而且还特别将其与"文化人"联系在了一起(Simmel,1957:546)。特别有趣的是,齐美尔提出了这样一种观点,即某一类人(被认定为"文化人")天生就会被任何"特殊、怪异或显眼"的东西所吸引,而不需要采用新的时尚来使社会模仿者保持与自己的距离。正是由于这一假设的存在,再加上保持社会距离的需要这一假设,齐美尔的理论显然能够解释现代时尚的动态和不断变化的性质。因此,如果将这两个假设置于凡勃伦总体上关于消费的身份功能的主张这一更大的框架内,我们就可以勾勒出流行的凡勃伦—齐美尔现代消费模式的轮廓。这一模式的主要假设是:①消费本质上是一种以他者为导向的活动;②在这种活动中,维持或提高身份地位的考虑因素占主导地位;③消费的潜在动机是模仿和效仿,因此上层阶级所表现出的模式会被下层阶级所模仿;④上层阶级(本质上受"新事物"的吸引)必须不断采用新的时尚和消费新的商品来保持其优越地位。

针对这一模式存在许多批评,其中最重要的一个批评是针对新颖性的,最有争议的观点之一可能是:新时尚起源于上层阶级,然后由于下层阶级的模仿或效仿而"向下渗透",流向下层阶级。齐美尔在这一点上非常明确,他声称"最新的时尚只[影响]上层阶级"(1957:545)。但许多研究者认为,研究揭示的情况更为复杂(如 Riesman & Roseborough,1965:120)。例如,保罗·布卢姆伯格(Paul Blumberg)在20世纪70年代末撰文指出:

> 许多时尚标准的制定者,与其说是上层阶级甚至中产阶级,不如说是社会底层、反阶级青年和反主流文化群体。长发、头带、珠子、印花布服装、背心、各式各样的皮革和麂皮杂物、精心褪色并被忽视的休闲裤,以及反主流文化服装的所有其他用具,不仅嘲弄了既有阶级的物质主义身份象征,而且成功地蔓延到敌方阵营,第五大道和主要街道,并在那里流行开来,被模仿……当蓝色牛仔工装衬衣在纽约的布鲁明戴尔百货公司(Bloomingdales)热卖时,当摇滚明星米克·贾格尔(Mick Jagger)被评为世界上最会穿衣的男人之一时,那种认为时尚风格是由上层建立并向下层传播的理论显然是有问题的。(1974:493-494)

根据这些证据,布卢姆伯格认为,就时尚的变化而言,在过去的十年间,"从下而上"的变化与"从上而下"的变化一样多(同上:494)。暂且不论人们是否怀疑将米克·贾格尔的社会地位描述为社会"底层"的准确性,尽管如此,时尚领域很可能像"向下渗透"一样"向上渗透"(trickle up)和"向周边渗透"(trickle across)的说法还是得到了相当多的支持(McCracken,

1988:94f.)。这一结论似乎表明,我们应该摒弃齐美尔关于上层阶级具有追求新事物(the new)的特殊倾向的说法。

这一结论意味着凡勃伦—齐美尔关于时尚和消费变化的模式似乎不再奏效。首先,如果说上层阶级对新奇事物本身并不抱有特别的热情的话,那么就很难相信他们会仅仅为了区别于他们认为低于他们的人而费尽心思。[6]因为他们不仅有其他更简洁的方法来捍卫自己的独特性(Steiner & Weiss,1951),而且像人们经常宣称的那样,真正贵族的标志就是他们的优越感是那么理所当然,以至于其他人都无法模仿。其次,我们现在有一项艰巨的任务,那就是解释为什么处于社会顶层的人要费心去模仿那些"在他们之下"的人的穿着和行为。如果精英阶层不是创新时尚和消费行为的主要渠道,那么谁是呢?他们动机的本质又是什么呢?

当然,这里的部分问题源于难以确定谁构成了现代工业社会中的精英或"上层"阶级。对于凡勃伦来说,这似乎主要是一个财富问题,而对于齐美尔来说,正如我们所看到的,其重点在于"文明"或"文化"的程度。然而,二者似乎都假定了一个比实际情况更加连贯和统一的分层体系,因而未能预见到当代模仿和效仿性消费模式的全部复杂性。

对他们这个统一的、分等级的效仿努力体系的假设做出解释,至少需要三个重要的限定条件。首先,正如我们所看到的,现代社会(尤其是西欧)的特点是双重精英结构,其中以土地为基础的古老贵族阶级日益受到城市新兴职业阶级的挑战。其次,与此密切相关的是,一个群体对优越地位的主张可能会遭到另一个群体的拒绝,其结果是,对身份地位的争夺采取了竞争但非模仿的形式。最后,想向上爬的人模仿他们想象中的精英生活方式的努力可能非常不成功(如那些被贴上新贵标签的人的情况),以至于他们的上层阶级认为没有必要采取创新对策。

新事物、创新事物和新奇事物

在提出新事物起源与传播的凡勃伦—齐美尔模式的替代方案之前,首先有必要对该模式中被忽略的一些概念进行区分,这些区分涉及新事物概念本身。事实上,人们可以在三种不同的意义上使用"新"这个词。第一,"新"是指新鲜或新创造;第二,"新"是指改进或创新;第三,"新"是指陌生或新奇。

在使用"新"这个词来表示新鲜时,我们将其与"旧"对立起来,在这种情况下,"旧"意味着破旧、使用过或仅仅是老化,比如新月、新生儿或玫瑰丛中的新芽。

在这些语境中,"新"都不意味着任何新奇或与以往有显著不同。实际上,新月是人们非常熟悉的,婴儿和嫩芽也是如此。这里的对比纯粹是时间上的,指的是每月、每代或每季的变化。我们的基本假设是,所有事物都会随着时间的推移而老化,因此,如果它们要继续存在,就需要再生。我们用“新”这个词来表示一代人的诞生确实已经发生了。

现在,我们可以认为,所有社会中的消费者在这个意义上都熟悉新旧产品之间的区别,而且他们中的许多人可能会偏爱新产品。例如,在我们的社会中,完好无损的物品往往比同类物品的价格要高,后者虽然仍能发挥其设计的功能,却有明显的使用痕迹。对这种偏好的一种可能解释是,有些人实际上认为使用会“污染”产品。支持这种解释的事实是,有些消费者不愿意购买任何种类的二手商品,另一些,消费者更愿意购买不那么“贴身”使用的商品,而不是那些与使用者关系密切的商品。例如,不愿意购买二手衣服的人可能会购买二手家具,而愿意购买二手外衣的人可能不愿意购买二手内衣。因此,这种因以前被使用过而被认为受到污染的产品的贬值过程会导致一种产品或特定产品类别的恋新情结。[7]

各种喜欢新产品的欲望(desire)显然在现代消费主义中发挥了重要作用,可以说,现代消费主义体现了一种普遍的假设,即消费者会把大部分可支配的资金花在“新鲜”产品上。显然,在这种求新的欲望被制度化之前,大规模生产的技术和相对程度的富足都必须成为常态。这一过程在18世纪末的英国似乎已经开始,那时人们已经普遍不能接受穿二手衣服了(Lemire,1988)。

但是,这种对新事物的偏好虽然具有现代特征,却仍然无法解释现代消费主义的核心问题——异常高的商品周转率。因为这种购买模式虽然促成了高水平的需求,但它仍然依赖于使用的自然过程来削弱物品的吸引力。因此,需求从根本上取决于物品的“老化”过程,以产生一种替代需求感。因此,衣服、地毯或鞋子都需要在呈现出明显的“破旧”之后才会有无可辩驳的更换理由。尽管可以说,现代制造商确实倾向于生产很快就无法使用的商品,而消费者本身也在不断提高他们对“破旧”的定义门槛,但这种需求来源本身仍不足以解释现代消费主义所特有的极高商品周转率。

当然,“新”还有第二种含义,它更多地涉及效率和技术能力,而不是纯粹时间意义上的新。在这里,“新”是指多年来为满足特定需求而生产和销售的一系列产品中的改进型、创新型或最新型产品。从这个意义上讲,“改进的新X”是指代表了目前相关技术“最先进水平”的产品,体现了最新的科学或技术知识。[8]比如,这里的新(或声称是新)是指产品满足特定需求的程度。比如,“新”改良的电池或轮胎可能会被宣传为比其前代产品的使用寿命长25%,或者产品的“改良”可能是指以相同的价格提供更大的容量,或者质量更轻、体积更小、材料更耐用。在这里,产生新颖性的主要动力是科学和技术进步本身,这显然是现代社会中一股非常重要的力量。因此,我们可以说,对“改良”产品的关注是现代消费主义的一个显著特点,它标志着现代消费主义已经摆脱了保守和传统的模式,即不考虑技术效率的变化。事实上,现代消费者已经理所当然地认为,科学和技术的结合将在这个意义上不断产生新的发明和改良产品——这种期望是启蒙运动对进步的信仰的一部分。

当然,在许多市场情况下,消费者根本无法在旧产品和新的改良产品之间做出选择,前者只是作为一个产品系列被后者所取代。然而,在仍然存在这种选择的情况下,消费者并不一定会表现出对新产品的偏好。他们可能确实对现有产品满足其需求的方式感到非常满意,因此不会被“改进型”产品提供的“额外”的东西所吸引。例如,某人可能会欣赏新款手机上的隐私按钮或自动重拨功能等优点,但并不觉得急于更换现有手机有什么必要。虽然在某些情况下,“需要是发明之母”可能是对的,但往往是积极的广告宣传在试图说服消费者他们“需要”别人发明的东西。因此,尽管科技进步显然是现代消费主义所特有的需求不断变化的一个重要来源,但科技进步本身是否足以解释现代消费主义的惊人活力,还是值得怀疑的。

“新”这个词还有第三种含义,它既不指“新鲜的”,也不指“改良的”,而是指“新颖的”或“陌生的”。

这里的对比纯粹是经验性的,因此与前两种用法大相径庭。因为,虽然新颖的东西也可能是新创造的,但这并不一定是新的,因为陈旧的东西对于接触它们的人来说可能仍然是陌生的。同样,虽然一些经过改良的新产品也会让消费者感到新奇,但因为许多产品与其前身非常相似,让人不会有陌生感。这是因为,尽管消费者以前可能没有接触过特定的产品,但他们对产品的类型是熟悉的,因此对产品的功能也是了解的。这一点在许多现代技术中尤为明显,因为在这些技术中,关键的工作部件往往被隐藏起来,只有创新的结果才是显而易见的。

这表明,新鲜感和改良性都是产品的内在品质,新鲜感与产品的使用程度有关,而改良性则与产品有效满足特定需求的程度有关。相比之下,新颖性更可能是个人根据以往经验做出的判断,与产品本身的某些特征基本无关。因此,对新颖性的判断随年龄和经验的不同而有显著差异,这与代际之间品位的明显差异密切相关。对于上一代人来说熟悉的东西,对下一代人来说往往显得陌生。[9]现在,正是这种新颖性在现代时尚中得到了集中体现,在具有高度审美意义的商品中引入一定程度的新奇感为现代消费主义提供了比新鲜感或改良性更重要的动力。因为由新鲜感或改良性带来的商品更替速度,远不及时尚需求所引发的更迭速度。这是因为新颖性几乎在消费行为本身中就已耗尽,随着消费者对所购商品的熟悉而迅速消失,这一过程比“磨去”新鲜感或改良产品更快、更容易实现。

根据上述讨论,我们可以得出结论,在当代社会中可以发现三种不同类型的喜新嗜好者[10]:第一种嗜好者渴求全新物品,他们倾向于只住新房子、只开新车、只穿新衣服,一旦家具或装饰品出现轻微的磨损迹象,就立即更换。这种现象与“使用污染恐惧”心理可能存在潜在关联。这些人可被称为“原始洁癖型”(pristinians)群体。这些人可能是很好的消费者,但他们的品位很可能非常保守,新买的东西与换下来的基本相同,在这种情况下,他们愿意在新产品上花费金钱,但对款式的变化却相对不敏感。目前还不清楚这一群体有哪些独特的社会人口学特征,但很有可能的是,新贵们会特别倾向于认为,精英的生活方式要求财产不能有任何磨损的痕迹。此外,如果他们赞同凡勃伦式的观点,认为显示金钱实力很重要,那么他们就会关注消费的不仅是昂贵的商品,而且是最近获得的商品。

其次,有些消费者偏好最新的产品系列和创新技术,对任何体现最新技术的产品都情有独钟。这类消费者很可能是这样或那样的技术爱好者,也可能是具有共同爱好的非正式社会群体的成员,如计算机发烧友或汽车运动爱好者(Moorhouse,1983)。技术发烧友往往也是很好的消费者。这对那些购买现成产品的人是如此(他们通常在每种新产品上市时都会迫不及待地购买),对自己动手的业余爱好者也是如此,不过后者的消费重点自然是部件而不是成品。[11]此外,IT技术爱好者可能会发现,他们的热情与获取新产品的过程具有双重相关性,因为产品本身既可能是获取最新技术发展信息的重要渠道,又能为其他非技术热衷型消费者充当市场开拓者。研究表明,这类新事物爱好者中年轻男性占比明显高于女性或老年人。[12]这种形式的"恋新"存在明显的局限性,原因在于消费者对新产品的强烈欲望很可能会被其兴趣的专业性所抵消。此外,对"性能"(performance)的主要关注很可能会牺牲对商品风格属性或一般时尚的浓厚兴趣。

最后,还有一些嗜新者,他们对新事物的欲望表现为对新奇、怪异甚至离奇事物的偏爱。这些人似乎非常重视陌生事物带来的刺激,同时又认为已知事物枯燥乏味。这些人不一定与"品位制造者"或时尚或社会的倡导者是同一类人(Lynes,1959),因为这意味着既要有创造性,又要有额外的内心导向,随时准备挑战当前的规范。相反,他们很可能是最先对新时尚做出回应的人,而且会迅速、持续地改变自己对产品的偏好。

正是这一类消费者有可能对现代消费主义的动态性质作出最重要的贡献,因为他们对时尚的高度敏感性创造了一个快速变化和持续不断的新需求。这一点在他们的衣着方面表现得最为明显,但对时尚的敏感性也可能导致其他领域的需求出现类似的高度更替,如家具和陈设、节日和文化产品,再如唱片、电影和书籍。此外,他们对新奇事物的热情意味着,他们可能会对零售业中任何似乎能给消费者带来新体验的商业创新作出热烈的回应。我们很难界定这些"异国情调"(exotic)爱好者的社会特征,但这种敏感性在老年人中似乎很少见,而传统观点则认为女性对此的表现度普遍高于男性。

新奇事物的起源

然而,承认不同类别的喜新成癖者对现代消费主义的核心动态过程的相对重要性,并不等同于关于新奇事物在整个社会中的实际引入和传播方式的理论。虽然对这些重要群体的性质有一定的了解是有帮助的,但更全面地了解他们的动机以及新颖文化产品引入时尚体系的方式很有必要。为方便起见,这两个问题可被视为一个整体问题在概念上的不同方面。第一个问题涉及促使个人对新产品产生欲望的动机,第二个问题则涉及社会对新颖的文化产品的普遍接受程度。这两个问题可以描述为个人层面的动机问题和文化层面的合理性问题。

购买新产品很少需要什么正当理由;通常只需要证明旧产品已经过时,而它要满足的需求仍然存在。只有在现有产品年代久远或因稀有而具有稀缺价值的情况下,这种假设才有可能受到挑战。替代消费的原则在当代社会中已经根深蒂固,至少直到最近,它还很少在全社会范围内引起任何质疑其合理性的问题。然而,如果"绿色消费主义"深入人心,产品回收利用的风气盛行,从而导致人们对需要更换的产品的认定意愿降低,那么这种情况可能会变得不那么合理。相比之下,改良或创新产品的引进和使用长期以来一直争议不断,有时还会遇到阻力。在这种情况下,我们可以想到针对避孕药的宗教或道德层面的反对意见,或者针对将超音速飞机用于通常的商业用途时,来自环保方面的反对意见。因此,"进步"的新产品有时需要文化上的支持,而正如前文所述,这种支持最有可能来自以"进步"和"发展"为核心的一系列价值观。

然而,以新奇形式引入新事物通常会遭到强烈反对。正如齐美尔所指出的,在传统社会中,人们往往惧怕新事物,而以人们习惯的形式出现的熟悉事物则会被顽强地保持下去。即使在现代社会中,也存在着强大的传统力量来反对新事物。因此,尽管时尚体系本身已被普遍接受,但一些特定的款式被认为其所体现的新颖性超出了文化保守的社会阶层所能接受的范围,从而引起人们强烈不满的情况却很常见。这通常是因为新产品和新服务所体现的新颖性被认为是对既定道德的威胁。一个多世纪以来,"对道德的侮辱"一直是对女性新时尚的指控,从半身裙到迷你裙;而新的娱乐形式,从华尔兹到摇滚乐,都被谴责为对公共文明礼仪的威胁。因此,在这种情况下,关于新奇事物的合法性问题,最需要的是某种与之抗衡的激进文化力量,这种力量既可以攻击传统权威的基础,也可以为不断引入陌生事物提供正当的理由。因为如果没有这种力量,现代时尚体系本身就会变得越来越怯懦、常规化和传统化(事实上,在极权社会中也是如此)。

有人可能会说,现代时尚体系在当代社会中已经成功地完全制度化,因此不断引入新事物是理所当然的,不需要任何特殊的文化理由。然而,正如上文提到的例子所表明的那样,对那些被视为更强烈的新颖风格的"离谱"和"不道德",更不用说"荒谬"性质的攻击屡见不鲜,但却无法从系统内部成功将其击退。无论是时装设计师、时装公司、买手、时尚记者还是零售商,都不能提出任何独特的道德主张来反驳这些论点。他们所能提出的诉求要么是消费者选择的主权原则——该原则一直被认为从属于道德要求——要么是"时装艺术家"应享有的行动自由。

在一个社会中,新奇事物的正当性自然与反对传统、试图抨击一切禁忌和对个人行为的限制的运动密切相关。尽管新奇商品的生产、分销和销售是彻头彻尾的商业行为,但面对传统主义者的道德谴责,它们的继续存在实际上有赖于道德主义者的活动,而道德主义者所关注的很可能完全是非商业性的。在这种情况下,具有讽刺意味的是,基于理想主义对艺术表达自由的要求,结果在实践中不可避免地与对广泛的无约束消费自由的要求联系在了一起。

事实上，我们可以回到布卢姆伯格之前的引文，以及他关于新时尚往往是由他所谓的“衰落元素”引入的观点来说明这一过程。正如他所指出的那样，20世纪60年代的时尚往往起源于反文化运动，在这场运动中，“自我”有意识地既反对传统价值观和当权者的理想，也反对市场意识形态。取而代之的是，反文化主义者坚持个人自我表达和自我实现的核心原则，特别重视直接经验、个性、创造力、真实感受和快乐。通过这种做法，他们重申了浪漫主义的核心价值观。这些价值观是在18世纪下半叶提出的，随后在19世纪90年代和20世纪20年代得到了重申。[13]通过援引浪漫主义理想来证明更大的个人自由是合理的，他们用自己同样有力的道德主张来反驳传统主义者的论点。因此，他们对个人（尤其是艺术）许可的要求，虽然是出于高大上的动机，但实际上是为了使生产和销售以前受禁产品的自由合法化。

因此，这似乎是将新奇事物引入社会并使其合理化的主要手段，也是克服传统道德家的反对意见的主要手段，至少对于具有明显体验或新颖形式的新事物而言是如此，而对这一过程起关键作用的主要是浪漫主义文化传统。从这个意义上说，源于浪漫主义的思想为新颖事物的引入提供了合法性，就像源于启蒙运动的思想为技术创新的引入提供了合法性一样。尽管在后一种情况下，这些信念的主要载体是科学家、技术专家和相关的“科学”专业人士，而在前一种情况下，主要是那些以“艺术家”自居的人。

事实上，我们可以更精确地得出结论，波西米亚人（或布卢姆伯格所说的“衰落元素”）才是对这一进程最为关键的社会群体之一。这是因为那些追求这种非传统艺术生活方式的人既崇尚对原创性和创造性给予了最高评价的浪漫主义哲学，又因为他们不断地试图推翻资产阶级所坚持的传统道德观。因此，在19世纪中叶的巴黎，最初的波西米亚人开创了红色马甲和酒桶等令人惊讶的创新（Grana，1964），而20世纪20年代与之相对的美国女性则通过吸烟和化妆震惊了中产阶级（Parry，1960）。人们之所以进行这些艺术和社会实验，既是因为它们本身具有异国情调的吸引力，又因为它们被视为对资产阶级传统和胆怯的象征性拒绝。当然，这并不意味着波西米亚人试图引领社会时尚。恰恰相反，在短时间周期后，当资产阶级模仿了他们的品位之后，他们就会被迫接受新形式的“令人惊讶的”行为和服饰。在这方面，齐美尔的看法是正确的，他认为，只要创新群体的动机是希望与他们眼中循规蹈矩的大多数人拉开距离，那么社会模仿和分化机制就会促使他们采取不断接受新事物的政策。他的错误在于将这一群体与既有的社会精英相提并论，而没有意识到其成员需要接受一种推崇新奇的哲学。事实上，波西米亚人拒绝资产阶级的生活方式，与其说是为了保护自己的社会地位，不如说是为了从根本上获得精神优越感的保证，而减轻对自己是“天才”的怀疑的最好办法，就是接受体面社会的谴责。

如果说浪漫主义为现代社会引入新奇事物提供了合理的解释，其中波西米亚人是关键的创新群体，那么我们仍然面临着一个问题，即如何解释促使普通的非波西米亚社会成员接受新奇事物的动机。如果对波西米亚人行为的最初震惊和愤怒消退之后，他们的行为和着装变得更容易接受,并通过商业开发成为广泛模仿的对象,那么是什么说服普通社会成员放弃熟悉的事物,转而接受这些新颖的风格呢？正如我们所看到的,当创新群体缺乏精英地位时,效仿很难成为一个令人信服的动机,当然,希望体现他人所展示的理想状态,除了(希望)提高身份地位之外,还有其他原因。但是,仿效和模仿一样,并不能解释相关的具体行为,因为几乎所有形式的社会行为,包括传统行为的发扬光大,都是在此基础上进行的。我们需要的是一种能够解释相关行为具体特征的理论,在这里,这种行为的具体特征就是对新奇事物的欲望。

通过更仔细地研究促使浪漫的波西米亚人陶醉于陌生和异国情调的动机,并认识到这些动机的核心是从这种体验中获得的快乐,我们可以找到一个可能的答案。虽然波西米亚人显然有一种坚定的理想主义承诺,支撑着他们的生活方式,但这并不排除,而是包含了一种坚定的享乐主义。然而,当体面的中产阶级被吸引去模仿和采用波西米亚人在行为和服饰上的创新时,吸引他们的似乎是快乐的承诺,而不是理想主义。

自我幻想享乐主义(self-illusory hedonism)为我们解答了为什么新奇事物的引入会成为这一过程的核心。这一术语代表了一种寻求快乐的形式,其重点是想象性刺激及其必然的隐蔽享受,它依赖于情感而非直接感觉。[14]换句话说,愉悦的刺激来自个人想象出的情景对情绪的影响,这种做法也许最适合被描述为白日梦。从某种意义上说,显然,个人只能通过想象来理解真正的新奇事物,因为他们过去的经验无法作为可靠的指导。然而,为了对新奇事物产生欲望,这种想象力的锻炼必须伴随着快乐。这就是为什么白日梦是至关重要的,因为它往往会促进渴望,或者是一种散漫的未满足的欲望,希望体验到比迄今为止的生活所提供的"更多的东西"。与想象中的快乐相关联的享受在质量(如果不是强度)上要优于在现实中得到的享受,其结果是个人对日常生活产生不满,并渴望在现实中体验这种完美的梦想。这种态度产生了对新奇事物的欲望,因为熟悉的事物已被视为不尽如人意,而尚未体验过的事物则可被视为能实现渴望已久的梦想。这种享乐主义需要高超的心理技能,依赖于识字率、隐私权和现代自我概念的发展。它还与现代大众传媒提供的想象享受密切相关。现代社会中几乎所有成年人每天都会做几次白日梦,而白日梦的内容有很大一部分是自恋的或涉及理想化的自我形象(Singer,1966;Wagman,1967)。因此,许多广告都将其信息指向这个隐秘的内心世界,鼓励消费者相信所描述的新奇产品确实可以让他们梦想成真。由于对产品的体验不可能与这些期望相吻合(简直是幻灭),人们又回到了白日梦中,从而创造出必要的环境,重新激发对新奇事物的欲望。自然而然"新"产品就会出现,以满足这种持续的需要。可以看出,这是一个白日梦、憧憬、对新事物的欲望、消费、幻灭和重新欲望的循环,它完全由内心主导,并不依赖于模仿或仿效的过程。

结 论

长期以来，社会理论家们一直认为，现代消费主义取决于人们对新事物的欲望，尤其是对时尚这一重要机制的欲望。然而，他们的理论通常无法对这种欲望的本质或“新”的确切含义做出令人满意的解释。此外，关于将新奇引入社会的关键社会群体的说法也缺乏说服力。通过区分不同形式的“新颖性”并展示新奇的重要意义，我们可以发现，波西米亚人由于崇尚浪漫主义哲学，构成了最有可能成为新颖性传播渠道的社会群体，而自我幻想享乐主义理论的提出则有助于促进普通消费者对新颖性欲望的内在导向理论发展。

注释

[1] 本文是在1990年5月于文莱大学举行的ESRC/PICf国内消费与信息通信技术研讨会上提交的论文的修订版。

[2] 对凡勃伦(Veblen)的炫耀性消费理论的批评，见Colin Campbell (1987:49–57)。

[3] 一种新风格的起源与它进入时尚系统是两码事。某个亚文化群体所偏爱的特定服饰风格可能是由多种复杂因素决定的；然而，这些因素不太可能与该风格被群体外成员所采用从而成为整个社会新时尚的原因有关联。

[4] 例如，参见Herskovits(1960:462f.)关于密克罗尼西亚Ponapaean人竞争性种植山药的讨论。

[5] 齐美尔的理论在多大程度上能被称为对时尚的解释，而不是对时尚现象的高度抽象描述，这一点目前尚不明确。他不仅用词不准确，而且试图用某些一般的“冲动”或“本能”来解释行为，这些冲动或本能以不同的比例组合在一起，产生不同的结果。每个社会阶层、地位群体甚至特定个体类型(如纨绔子弟)的冲动或本能都不同，但齐美尔并没有解释每个群体是如何形成这些独特的冲动或本能的。

[6] 这种说法所引发的一个核心方法论问题(既适用于布迪厄的文化产品消费理论，也适用于凡勃伦—齐美尔模式)是，从观察到的个人行为结果中推导出个人有意识的目的和动机的倾向，会导致明确的意图与行为的功能性结果之间的关系混乱。例如，在凡勃伦—齐美尔模式中，我们究竟应该假定，个人之所以渴望新事物，是因为

他们认为有必要与潜在的模仿者保持社会距离？还是应该认为他们纯粹是渴望新事物,而保持社会距离在很大程度上是其行为的一种无意的、未被认知的附带结果？

[7] 这种模式在现代社会中占主导地位,也在很大程度上造成了与之相关的对“古董”的推崇。与“新制造”相对的是“旧制造”,即“用过的”和“破旧的”“旧物”,但那些“足够古老”的东西,又没有过度磨损痕迹的物品,能让人联想到批量生产前的时代,因其相对稀有而受到重视。因此,在现代社会中,按年代对物品进行估价往往会出现两极分布,一个价值高峰是产品全新上市时,另一个价值高峰(一旦物品停产)则由现存最古老但仍保存完好的版本所体现。

[8] 关于信息技术领域的创新如何在此意义上催生“新”消费品的问题,请参见第4章。

[9] 当然,有些文化产品可能过于新颖和陌生,除了少数特殊人群外,其他人都可能不想要。前卫概念的背后就是这种理念。

[10] 这一术语出自Christopher Booker(1969)的著作。

[11] 当然,技术爱好者对最新科技产品的偏好本无必然逻辑,对早期艺术品的热情完全可能与对当代产品的厌恶并存,例如,蒸汽火车迷们经常对现代柴油或电动火车嗤之以鼻。

[12] 有关对信息技术的热衷程度和应用方面的性别差异,请参见第6章和第7章。

[13] 有关反主流文化的资料,见Frank Musgrove(1974)、R.Mills(1973)和Kenneth Westhues(1972)的著作,而有关浪漫主义及其与波西米亚主义的联系的论述,见Campbell(1987: Chapter 9)的研究。

[14] 关于自我幻想的享乐主义及其与现代消费主义的关系,见Campbell (1987: Chapter 5)的研究。

参考文献

Blumberg, Paul (1974) 'The Decline and Fall of the Status Symbol: Some Thoughts on Status in a Post-industrial Society', *Social Problems* 21: 480-498.

Booker, Christopher (1969) *The Neophiliacs: A Study of the Revolution in English Life in the Fifties and Sixties*. London: Fontana-Collins.

Bourdieu, Pierre (1984) *Distinction: A Social Critique of the Judgement of Taste*. London: Routledge & Kegan Paul.

Campbell, Colin (1987) *The Romantic Ethic and the Spirit of Modern Consumerism*. Oxford: Blackwell.

Fallers, Lloyd A. (1954) 'Fashion: A Note on the "Trickle Effect" ', *Public Opinion Quarterly* 5 (18): 402-405.

Grana, Cesar (1964) *Bohemian Versus Bourgeois: French Society and the Man of Letters in the Nineteenth Century*. New York: Basic Books.

Herskovits, Melville J. (1960) *Economic Anthropology: A Study in Comparative Economics*. New York: Knopf.

Lemire, Beverly (1988) 'Consumerism in Preindustrial and Early Industrial England; the Trade in Secondhand Clothes', *Journal of British Studies* 27: 480-498.

Lynes, Russell (1959) *The Tastemakers*. New York: Grosset and Dunlop.

McCracken, Grant (1988) *Culture and Consumption: New Approaches to the Symbolic Character of Consumer Goods*. Bloomington, IN: Indiana University Press.

Mills, R. (1973) *Young Outsiders: A Study of Alternative Communities*. London: Routledge & Kegan Paul.

Moorhouse, H.F. (1983) 'American Automobiles and Workers' Dreams', *The Sociological Review* 31: 403-426.

Musgrove, Frank (1974) *Ecstasy and Holiness: Counterculture and the Open Society*. London: Methuen.

Parry, Albert (1960) *Garrets and Pretenders: A History of Bohemianism in America*. New York: Dover (first published in 1933).

Riesman, David and Howard Roseborough (1965) 'Careers and Consumer Behaviour', in David Riesman *Abundance for What? And Other Essays*. New York: Doubleday Anchor Books, 107-130.

Simmel, Georg (1957) 'Fashion', *American Journal of Sociology* 62 (6): 541-549.

Singer, J.L. (1966) *Daydreaming*. New York: Random House.Steiner, Robert L. and Joseph Weiss (1951) 'Veblen Revised in the Light of Counter-Snobbery', *Journal of Aesthetics and Art Criticism* 9 (3): 263-268.

Veblen, Thorstein (1925) *The Theory of the Leisure Class: An Economic Study of Institutions*. London: George Allen & Unwin.

Wagman, Morton (1967) 'Sex Differences in Types of Daydreams', *Journal of Personality and Social Psychology* 7 (3): 329-332.

Westhues, Kenneth (1972) *Society's Shadow: Studies in the Sociology of Counter-Cultures*. Toronto: McGraw-Hill Ryerson.

第 3 章

商品消费与消费的益处

长期以来，无论是学术界还是知识界都有一种倾向，它们贬低甚至经常诋毁以“消费”为名的这一人类行为领域。这是因为一种强大的思想传统的存在，这种传统通常以某种怀疑的态度看待消费，使我们倾向于认为，即使消费并不完全是“坏”的，但它与那些好的、真的、高尚的或美的东西也毫无关系。

造成这种怀疑态度的主要因素有两个。其一是与“消费”一词最常联系在一起的学科：经济学。因为经济学家采用的基本范式的固有特点是，生产是最重要的活动。尽管从理论上讲，消费是所有生产活动的唯一目的和理由，但很显然，生产而非消费才是更有价值、更符合道德规范的活动。[1]

偏重生产的第二个原因在于清教徒的传统，这种传统本身（即使是通过功利主义间接地）催生了现代经济学，而且更重要的是，这种传统还鼓励一代又一代人把工作看得比休闲更重要，把节俭看得比消费更重要，把延迟满足看得比立刻满足更重要。正是这种世代相传的禁欲主义在很大程度上造成了当代对消费的否定。然而，即使是清教徒也没有谴责所有的消费；他们所接受的合法消费是以满足需求为目的的消费，同时强烈谴责任何超出满足这些需求所必需的开支。换句话说，受到严厉谴责的是奢侈消费，而不是一般消费。现代消费之所以受到如此严厉的谴责，主要原因在于人们普遍认为现代消费的主要特征是“奢侈型”或“欲望驱动型”。因此，就连消费曾经拥有的一点道德正当性，如今也被一扫而空。[2]

在当代社会，人们对消费基本持两种态度。首先，消费可能被视为满足“真正”需求（我们可以称之为“基本供给”）的行为，在这种情况下，即使这被认为是日常决策和习惯的世俗问题，但至少被大多数知识分子视为正当的活动。另一种观点则认为，消费在很大程度上是通过被视为非必需的商品（如奢侈品）和服务来满足人们的渴求（wants）和欲望（desires）的行为，这时消费通常被视为一种肤浅的活动，它受到道德可疑动机的驱使，其追求的目标琐碎、短暂，本质上毫无价值。

关于后一种态度，现在有两个截然不同但又密切相关的观点值得注意。第一个观点认为，需求驱动的消费涉及生活中“不必要”的东西，因此也是不重要的东西；这导致了对消费的谴责，理由是它使人们卷入肤浅或轻浮的活动。因此，消费与工作、宗教或政治等“真正的”、重要的活动形成了鲜明对比。与此相关的第二点是，涉及琐碎的活动，尤其是认真对待琐碎活动的倾向，被认为是出于可疑的动机：人们认为，没有人会出于高尚或崇高的关切而参与这种可疑的追求。因此，消费被视为人类最恶劣动机（如骄傲、贪婪和嫉妒等）盛行的领域。任何希望了解消费的社会科学家都不得不面对这两种道德判断，因为它们是大多数消费理论的核心。[3]

因此，问题在于，我们对消费活动的理解是否确实证明了消费通常受到的谴责是合理的。简而言之，消费对我们有害吗？在解决这个问题时，我们关注的不是消费是否有害，即我们的健康或福祉是否会受到我们所消费物品性质的威胁。相反，我们关注的是这样一种说法，即消费是有害的，因为它是一种（或一系列）“激发出我们最坏一面”的活动——也就是说，因为它会鼓励我们做出在道德上应受到谴责的行为。消费是否会使我们变得贪婪、物欲横流、贪得无厌或嫉妒？人们主要关注的是现代消费行为背后的动机（其次是目标）。[4]

这里要提出的论点是，对消费动机通常的反感，即使不是完全没有道理，也是极其片面的，至少支持这种反感的社会科学理论很难令人信服。密切关注人们实际消费商品的原因表明，这其中存在着理想主义的维度，即使不完全是道德主义。因此，我们必须首先对当代工业社会（或后工业社会）的消费性质提出一种与目前流行的观点略有不同的看法。

现代消费

人们为什么消费？这是社会科学研究的一个核心问题。从根本上说，这个问题有两种解释路径——一种是经济学的，另一种是社会学的。一方面，经济学范式的不足之处（其中根本没有探讨需求的起源）已在其他地方有详细的论证，在此不再赘述。另一方面，社会学范式（实际上是指索尔斯坦·凡勃伦的模式）虽被广泛采用，但其不足之处却很少被注意到。

从本质上讲，凡勃伦模式假定消费是一种交流方式，在这种交流方式中，有关消费者财富（也就是社会地位）的“信号”被传递给他人。此外，它还假定，个人试图利用这种“炫耀性消费”来提高自己的社会地位，最终目的是“效仿”据称站在阶级体系顶峰的“有闲阶级”。这种消费观将消费与社会攀比这种道德上可疑的活动直接联系起来。凡勃伦认为，消费者对商品的主要兴趣是作为地位的象征，他断言，消费者的消费动机是焦虑（对他人如何看待自己的焦虑）和嫉妒（对处于优越地位者的嫉妒）的混合。随着这种理论被广泛接受，消费通常被视为道德可疑也就不足为奇了。

然而,凡勃伦的模式存在许多问题,一般来说,可以说它在理论上是不连贯的,但在经验上却并非错误。[5]其关键缺陷在于,它没有解释现代消费所特有的动态性。通过炫耀性展示进行身份地位竞争并不需要新奇的产品;它与一成不变的传统生活方式可以愉快地共存。[6]在这一点上,经济学和社会学模式都有相同的核心缺陷:它们试图提供一种非历史性的一般理论,却未能认识到传统消费与现代消费之间的重大差异。问题不在于人们为什么消费,而是我们为什么要这样消费?也就是说,现代人为什么要这样消费?

消费主义的问题

如果认为现代消费或消费主义只是传统消费的放大,似乎这两种现象之间的区别只是规模问题,那就犯了一个根本性的错误。因此,认为现代消费等同于大众消费是一种误导。现代社会的消费很可能是"大众消费",而在现代技术使大规模生产成为可能之前,这种消费是不可能出现的;但它真正与众不同的是其动态特性。现代社会典型的高消费水平主要不是源于大量人口消费这一事实,而是源于极高的个人消费水平,而个人消费水平又源于消费者似乎不满足的特性,他们的欲望似乎永无止境。虽然技术创新和有计划的淘汰对保持高消费水平都有一定的作用,但最大的贡献是消费者在满足旧的需求后立即产生新的需求的近乎魔力的能力。一种需求刚得到满足,另一种需求就会出现,随后又是另一种需求,似乎无穷无尽。任何一个现代消费者,无论多么优越或富有,都不能坦率地说自己没有任何想要的东西。需要解释的正是这种不断"发现"新需求的能力。

更加令人费解的是,我们通常会发现自己想要新产品,而这些产品我们并不熟悉。我们不可能知道,当我们渴望得到这些产品时,会产生什么样的"满足感"(如果有的话)。事实上,正是这种对新奇商品和服务的偏好,导致了需求本身明显的不竭性,例如,在现代核心的时尚现象中就体现了这一点。

这些就是现代消费者区别于传统消费者的特征。后者一般倾向于有固定的需求,而不是无止境的欲望,因此,当这些需求出现时,他们会重复消费同样的产品。这种消费模式并不像经济学家经常暗示的那样,仅仅是因为缺乏消费更多商品的资金。相反,这种消费模式代表了传统生活方式规定的"需要"所要求的所有消费。[7]因此,在试图解释现代消费时需要解决的问题是为什么取之不尽的需求(通常是对新奇产品和服务的需求)能够如此有规律地出现。

享乐主义方法

将现代消费活动视为一种享乐主义的结果，至少可以部分地解决这个问题。说到这里，我们必须认识到，享乐主义或追求享乐的含义与功利主义追求满足的理论毫无共同之处，而功利主义在传统上是大多数消费经济理论的基础。

后一种模式的基本思想是，人类行为的目的是消除匮乏或满足需要。因此，它假定个人与物品的互动是为了利用物品的“功能”来“满足”这些“需要”。这种行为可能会给个人带来愉悦，但这不仅不能保证，而且也不是人们想要物品的原因。因此，经济理论并不以追求快乐的行为为中心。其主要原因在于，功能是物品的真实属性，而快乐则是个人对其所经历的刺激做出的判断。因此，快乐并不一定与从物品中获取功能有关。要满足需要，通常需要接触真实的物品，以发现它们在满足已有欲望方面的效用程度和种类。寻找快感则是指让自己接触某些刺激，希望这些刺激能引发愉悦的反应。因此，虽然人们通常需要利用物品来发现其满足需要的潜力，但体验到快乐只需利用感官。更重要的是，物品的功能取决于它是什么，而物品的愉悦意义则取决于它可以成为什么。只有现实才能带来满足感，但幻觉和妄想都能带来快乐。

然而，由于消除人类的基本需要通常会给人带来愉悦的体验（就像人们试图消除饥饿所带来的匮乏感时的进食体验一样），因此，传统上人们认为寻求愉悦是与满足需要的努力联系在一起的。随着文明的进步，越来越少的人经历过基本需要经常被剥夺的情况，这种看法也就变得不那么有效了，因此与满足基本需要相关的快乐变得越来越难以捉摸。[8]

传统享乐主义者的对策是尽可能频繁地重现需要满足的循环。因此，传统享乐主义关注的是“快乐”而非“愉悦”，因为（除其他外）获得快乐而珍视一种体验与珍视一种体验所能带来的快乐（即关注体验的独特方面或品质）之间存在着天壤之别。前者是古老的模式。各种文化背景下的人类似乎都认同一个基本的活动清单，即在这个意义上的“快乐”，如吃、喝、社交、唱歌、跳舞和玩游戏等。但是，既然快乐是一种体验的品质，那么至少在原则上，它可以被判断为存在于所有的感觉之中。因此，追求抽象的快乐是一种无处不在的潜在可能，只要个人的注意力集中在对感觉的巧妙操控上，而不是集中在传统意义上的快乐源泉上。[9]

现代享乐主义

因此,人们常常认为,享乐主义的人类行为理论强调感官愉悦。然而,事实并不一定如此,因为尽管所有的愉悦追求都可以说是以感官为基础的,但享乐主义没有理由只关注甚至或主要关注"低级"的欲望。事实上,尽管对感官的重视可能是传统享乐主义的特点,但这并不是当代享乐主义的特点;现代享乐主义并不注重感觉,而是注重情感。

情绪有可能成为快乐的巨大源泉,因为它们构成了高度唤醒的状态。任何情绪——即使是所谓的负面情绪,如恐惧、愤怒、悲伤和嫉妒等——都能提供愉悦刺激。然而,要使与这些情绪相关联的刺激被体验为愉悦,唤醒的程度必须是可调节的:个人必须能"控制"情绪。自我调节情绪的能力不仅仅是抑制情绪的能力(尽管这是它的出发点),它还包括随意"创造"某种情绪的能力。

这种情绪的培养主要是通过操纵个人所认为的自身条件或环境的性质来实现的,特别是通过调整对某些事情的认定程度来实现的。例如,如果人们能够让自己相信自己受到了生活的残酷对待,不应该倒霉,那么他们就能够享受自怜的"快乐"。然而,在很大程度上,刻意培养一种情感以获得体验这种情感所带来的愉悦感,并不是围绕着以这种方式重构人们对现实环境的看法而展开的。相反,它倾向于把重点放在一个更容易的任务上,即创造出足够逼真的想象环境,以激发相关的情感。这种现代的、自主的、自我幻想的享乐主义在日常用语中被称为白日梦。

白日梦

白日梦是现代人精神生活中不可或缺的一部分,但人们往往忽视它的存在和/或否认它的重要性。在现代社会中,几乎每个人都会做白日梦和幻想;这是男女老少每天都要进行的常规活动。[10]然而,人们很少认识到这一现象的重要性,也很少认识到这一现象是现代人的典型行为,它在很大程度上依赖于个人主义、文字阅读(即默读)和小说的兴起。毫无疑问,白日梦背后的冲动是一种享乐主义的冲动,因为个人会远离他们认为缺乏刺激的现实世界,转而沉浸于想象中的场景所能带来的更大乐趣。在这种情况下,个人可以被视为有想象力的艺术家,他从记忆或周围环境中提取图像,重新排列或以其他方式加以改进,使其更加赏心悦目。这种白日梦的体验是令人信服的;也就是说,即使意识到这些白日梦并不真实,个人也会对它们做出主观反应,就好像它们是真实的一样(从而获得情感反应)。这就是独特的现代能力:创造一种明知是假但感觉是真的幻觉的能力。

一般来说,做白日梦的人通常是通过省略生活中的小插曲,以及添加现实中令人开心的巧合(如果不是特别不可能的话)来调整现实,从而获得快乐。通过这种方式,想象中的体验通常会代表一种完美的生活愿景,从最初的渺小开始,个人可能会将白日梦发展成为“另类世界”——精心制作的艺术品——越来越偏离人们对现实的合理预期。

虽然白日梦通常被认为是无关紧要的现象,但我们有理由相信它具有重要的影响。例如,虽然白日梦通常是由无聊引起的,但白日梦带来的愉悦意味着白日梦者很可能比以前更无聊地体验到“现实生活”,从而增加了进一步做白日梦的可能性。因此,像所有形式的愉悦一样,白日梦很容易让人上瘾,并导致某种脱离普通生活的倾向。

然而,白日梦与直接的幻想不同,它涉及的事件和场景可能会在未来的某个时刻真实发生。事实上,白日梦往往从简单的、预期性的想象开始,围绕着真实的、即将发生的事件,比如假期。这就或多或少不可避免地会将现实与预期白日梦所设定的标准进行比较——就所获得的快乐而言——并因此普遍体验到(字面意义上的)幻灭感。因为无论现实生活中的体验多么令人愉悦,它都不可能像想象中那样完美。因此,幻灭极有可能促使人们做更多的白日梦,从而不可避免地造成进一步的幻灭。这表明,白日梦会产生某些永久性的倾向:对现实生活的不满和对“更好的东西”的普遍渴望。

现代消费主义的精神

对白日梦与现实生活体验之间相互作用的这种理解,或许可以解释上文提到的现代消费主义的神秘特征。这不仅包括需求(wants)从何而来(又去向何方)的问题,还包括消费者为什么会有取之不尽、用之不竭的“需求”,以及他们为什么会对新奇而非熟悉的商品有如此强烈的偏好。

我们现在可以说,现代消费者之所以对新奇而非熟悉的产品产生欲望,主要是因为他们相信新奇产品的获得和使用能给他们带来迄今为止在现实中尚未遇到过的愉悦体验。人们可能会把白日梦中已经体验过的一些理想化的快乐投射到新产品上,但这些快乐却无法与目前正在消费的产品联系起来(因为这些产品所提供的快乐的局限性已经为人们所熟悉)。要创造新的需求,只需在消费者的环境中呈现被认为是“新”的产品。[11]因此,我们可以说,消费主义的基本动机是希望在现实中体验消费者已经在想象中享受过的愉悦体验。

只有新产品才有可能实现这一愿望。但是,由于现实永远无法提供白日梦中的完美愉悦(即使有,也只是偶尔和部分),因此每次购买都会自然而然地导致幻灭;这有助于解释为什么欲望会如此迅速地熄灭,以及为什么人们在购买商品的同时也会迅速地放弃商品。然而,白日梦本身所产生的基本渴望并没有消失。因为白日梦的实践仍在继续(甚至可能得到加强),因此,人们一如既往地决心寻找新的产品,作为欲望对象的替代物。

幻觉与现实之间的这种动态互动是理解现代消费主义(以及一般而言的现代享乐主义)的关键,因为这两者之间的紧张关系造成了一种永久的渴望模式,随之而来的是对现状的不满和对更美好事物的向往。白日梦将未来变成了完美幻想的现在。因此,个人与其说是在重复寻找感官享乐的循环(如传统的享乐主义),不如说是在不断努力缩小想象中的愉悦与现实中的愉悦之间的差距。然而,这种差距永远无法弥合,因为无论人们在现实中体验到什么,都可以在想象中加以调整,从而获得更大的愉悦感。因此,幻想总是比现实更好,承诺总是比现实更有趣。[12]

这种消费主义理论是内在导向的。它并不假定消费行为由他人的行为所引导,或以他人的行为为导向。从这个意义上说,它打破了长期以来将消费本质上视为一种社会实践的社会学传统。[13]另一方面,这一理论并未将消费视为受到物质因素的驱动。当代消费者像喜鹊一样渴望获得尽可能多的实物(获取型社会论),这种观点严重误解了导致消费者想要获取商品的基本动机结构。获取型社会理论尤其与事实不符,因为现代消费社会的特点是个人对物品的处置程度与获取物品的程度相同。消费主义涉及商品的高周转率,而不仅仅是商品的高购置率。这一事实与以下说法是一致的,即欲望的真正焦点与其说是物品本身,不如说是消费者盼望拥有它将带来的体验。

消费主义与反主流文化

将现代消费从与他人导向的地位争取和嫉妒,以及粗暴的物质主义和获取主义的两种预设关联中剥离出来,就可以对这一活动领域达成一种理解,而不会自动带有道德上的不赞成或谴责的色彩。遗憾的是,这一目标似乎并没有实现,因为将消费与享乐主义紧密联系在一起,消费主义似乎不可避免地将继续成为道德上不赞成的对象。事实上,有人可能会说,目前的理论只会让事情变得更糟,因为至少在某些方面,追求享乐比消费"奢侈品"更令人反感。当然,我们可以说,从总体上看,享乐一直是道德家们世世代代攻击的目标,这主要源于早期教父的神学立场,而在今天,原教旨主义者和其他宗教右翼代表仍然持有这种态度。[14]

然而,也有另一种道德传统,不仅为追求享乐辩护,而且将其与最高的道德和精神理想直接联系起来。这一思想传统在历史上的代表是唯信仰论(Antinomianism),近代则是浪漫主义。浪漫主义仍然具有强大的生命力,其最后的辉煌出现在20世纪60年代,即我们所熟知的"反文化运动"思想浪潮。[15]

浪漫主义信条的核心是相信真与善都归属于美,因此它们需要通过想象力来辨别。这也意味着，这些理想与美本身一样，可以通过它们带来快乐的能力来识别，其结果自然是，通往美德和启蒙的道路与追求快乐的道路是一致的。这就是20世纪60年代许多年轻的反文化主义者所信奉的信念；然而，我们应该看到，他们并没有因为捍卫消费社会而闻名于世。恰恰相反，他们发起的对商业和物质价值观的批判，在很大程度上为我们当前对现代生活状况的不安奠定了基础。反文化主义者在为追求享乐辩护的同时，也抨击了他们所认为的消费主义的罪恶。如何解释这种矛盾呢？

在某种程度上，可以这样解释：反文化主义者与他们声称反对的传统道德的代言人一样，坚持上述关于消费本质的错误观点。因此，他们接受了消费主义包含地位嫉妒、占有欲和物质主义的假设，也许可以理解的是，他们不愿意承认自己对快乐的高度评价可能在某种程度上与他们作为第一代人在普遍富裕的环境中长大的经历有关。

与对这一悖论的解释相反，人们可以称之为“官方”的解释是，浪漫主义将享乐与美德和美的理想境界相提并论，这意味着他们对人类经历的这一核心层面的任何轻视都怀有一种可以理解的敌意；换句话说，他们对任何将追求享乐本身视为简单目的的倾向都怀有敌意，这种倾向仅仅是一种“娱乐”，在这种倾向中，游戏可以与诗歌相提并论。因此，浪漫主义者对消费的主要反对意见（据说）不是因为消费是为了寻求快乐（更不是因为消费带来了快乐），而是因为对快乐的追求不够认真。换句话说，浪漫主义为追求享乐，尤其是追求以想象为中介的享乐赋予了最高的正当性，同时受谴责的不仅仅是简单粗暴的享乐，还有享乐主义本身，因为它没有与崇高的道德目的联系在一起。

消费主义的商品

然而，如果说当追求享乐是追求崇高理想的一部分时，人们可以赞同追求享乐；而当追求享乐脱离了崇高理想，仅仅是为了个人享乐时，人们又可以不赞同追求享乐，这就预设人们能分辨出孰是孰非。遗憾的是，这并非易事。例如，在20世纪60年代，许多人曾为吸食毒品，尤其是迷幻药而辩护，理由是这是增强自我意识和获得精神启迪的重要手段。但是，对于许多嬉皮士和准嬉皮士来说，使用毒品可能并不是为了达到这样的目的，而仅仅是为了获得“快感”。要区分这两种立场并不容易，因为在实践中，它们经常会相互交融；或者更准确地说，随着时间的推移，一种立场很容易变成另一种立场。有些人可能只是为了获得快感而开始吸食毒品，结果却发现自己的意识发生了转变；或者说，那些因为希望获得启迪而吸毒的人，恰恰相反，可能只是对某种特定形式的强烈生理刺激上了瘾。

也许有人会反对这种说法，认为这是把一个相当简单的问题复杂化了，因为就大多数消费活动而言，纯粹的利己主义，或者至少是自私的动机显然在起作用。遗憾的是，自私利益的存在与更高尚的考虑并不冲突。虽然有些消费仅仅是日常供应问题，但许多消费对于相关人员来说并不是那么乏味。显然，对于大多数人来说，买房、买车、买船或买一套家具都是一件很重要的事情，与他们的“人生计划”息息相关。因此，可以理解的是，这类大额消费往往在人们的脑海中占据重要位置，并在激励和奖励方面发挥着至关重要的作用。换句话说，这种消费行为与个人的动机结构紧密相连，为他们完成艰巨的任务提供了所需的能量，也为他们日后相信自己的努力是值得的提供了必要的令人喜悦的事物。在这种直接而明显的意义上，不仅是实际的消费，而且还有想象中的“预期性消费”，都可以说是对我们有益的，因为如果没有这种消费，我们做任何事情都可能缺乏充分的理由。

然而，这并不一定意味着，由于购买商品在个人的回报体系中占据如此重要的地位，因此在个人安排生活的这些项目中就不存在理想主义或道德维度。毕竟，尽管人们的白日梦各不相同，但除了具有快乐的特质之外，一个共同的因素就是以理想化的方式来呈现自我。因此，人们从白日梦中获得的快乐并不是与他们的道德生活相分离的，而是与道德生活密切相关的：做好事——或者更准确地说，想象自己做好事和做好人——往往是白日梦快乐的重要组成部分。在这方面，与想象完美场景相关的愉悦直接与把自己想象成一个完美的人有关，一个能够诠释某些理想的人。现代消费的两个重要方面：时尚和旅游，就可以说明这一点。

上述理论有助于解释为什么现代消费者会如此热衷于“追随时尚”，但同时又不必诉诸一种难以置信的说法，即他们是被迫这样做的，或者他们只是在努力“和左邻右舍比排场比阔气”。由于时尚是一种制度，它能保证有控制地将一定程度的新颖性引入具有高度审美意义的商品中，因此，自我幻想式享乐主义的广泛实践所产生的对新颖性的品位的追求有助于解释这种制度的重要性和持久性。

遗憾的是，知识分子一直倾向于抨击时尚，将其视为微不足道、无足轻重甚至毫无价值的现象。然而，如果我们正确地使用这个词，将其指代风格变化的持续过程（而不仅仅是习俗或惯例的同义词），那么这种抨击是完全不恰当的。因为时尚必然涉及审美的理想，而那些致力于紧跟时尚的人，或者更有趣的是，那些致力于“引领时尚”的人，可以理直气壮地说，他们是在努力使自己的生活符合审美的理想。

虽然其中可能有自恋的成分，或者有关行为可能因骄傲或虚荣等动机的存在而得到加强，但这并不能否定这种行为的理想维度，因为所有形式的道德行为可能都需要自我利益的帮助。在某些情况下，“追赶时尚”可能只是一种无意识的、毫无道德价值的行为，但它也可能是对严肃理想的崇高追求。

旅游业也是如此，它正日益成为现代消费主义和现代生活的核心组成部分。旅游不是购买产品，而是购买体验；然而，与时尚一样，新颖性是确定欲望参数的最关键因素。在这方面，一些人也倾向于讽刺和鄙视“旅游者”，而与此相反，则赞扬真正的“旅行者”。但这种偏见很难自圆其说，因为获得有价值的体验对现代社会（尤其是当代美国）所追求的目标至关重要。

20世纪60—70年代的人类潜能运动和邂逅小组运动,以及它们的继承者,19世纪80年代的准宗教和心理治疗运动,都强调了关键的“体验”在帮助个人发现“真正的自我”,从而最大限度地发挥潜能方面的重要性。在界定教育、治疗和艺术目标的声明中,也经常可以找到这样的措辞。如果获得“体验”,尤其是那些非常新奇的体验,在这些情况下被赋予如此重要的意义,那么当它出现在“旅游”的标题下时,又怎么会被剥夺这种地位呢?

消费对我们有好处吗?

我不知道。这个问题既表明我们可以就什么构成了美好生活达成一致,也表明我们确切地知道我们目前的消费行为对我们自己和我们的社会产生了什么影响。此外,把“消费”说成是一种单一的、无差别的活动是很困难的。然而,正如我试图说明的那样,现代消费有其独特之处。通过对这一点的阐释,我试图对这种活动所蕴含的动机和目标是否可以被认为是好的做出一些说明。显然,没有简单的答案,因为消费主义是一种复杂的现象。

不过,消费主义显然既涉及自身利益,也涉及理想主义。事实上,消费主义是由许多其他现代制度所关注的问题所引发的,并以这些制度的价值观为指导,但在这些其他制度中,这些问题和价值观通常是被看好的。我所概述的理论并非只适用于消费。它同样适用于所有形式的行为,在这些行为中,想象的快乐追求或欲望发挥着重要作用。浪漫爱情就是这样一种现象,因此,我们同样可以提出这样的问题:爱情是否对我们有益?[16]

因此,如果认为可以将消费从我们生活中更广泛的道德和理想框架中剥离出来,并将其称为“坏”,而不会在这一过程中对我们世界的整体道德格局产生重大影响,那将是痴心妄想。消费主义可能与其他任何普遍的现代行为一样,反映了当代人类生存的道德本质;因此,要想在这方面做出重大改变,就不能对我们的生活方式进行微小的调整,而必须对我们的文明进行变革。

注 释

[1] 这一讨论的另一个道德维度与性别有关。长期以来,许多消费活动(尤其是购物)主要被视为“妇女的工作”,而生产则被视为“男人的工作”。这也可以看作对消费的道德评判的一个重要影响因素。

[2] 人们常常认为，一种新的“伦理”已经出现，它使消费主义合法化，见 William H. Whyte, *The Organization Man* (New York: Doubleday-Anchor Books, 1957); David Reisman et al., *The Lonely Crowd: A Study in the Changing American Character* (New York: Doubleday-Anchor, 1966);和 Daniel Bell, *The Cultural Contradictions of Capitalism* (London: Heineman, 1976)。值得注意的是，提出这些主张的作者本身并不赞同新伦理，相反，他们往往从表面上还支持旧的禁欲主义新教价值观，试图谴责新伦理。因此，在这一领域的学术和思想讨论中，对消费主义即使不持敌视态度，也持怀疑态度。

[3] 这种观点有时将从事这种行为的责任归咎于个人，有时又认为消费者通常是受他人(通常是制造商或广告商)的胁迫或操纵才做出这种行为的，从而为他们开脱。但无论哪种情况，消费主义本身都被认为是不好的，无论这恶的根源在于个人还是社会组织。

[4] 消费者本身通常并不认同这种对现代消费极为负面的看法；事实上，人们怀疑，学者和知识分子在实际充当消费者时也并不认同这种看法。事实上，最近在知识分子和一些学者中出现了一种思潮，试图将消费主义视为更具深层意义的现象，见 Steven Connor, *Postmodernist Culture: An Introduction to Theories of the Contemporary* (Oxford: Blackwell, 1989); David Harvey, *The Condition of Postmodernity* (Oxford: Blackwell, 1989); Mike Featherstone, *Consumer Culture and Postmodernism* (London: Sage, 1991); and Frederic Jameson, *Postmodernism, Or the Cultural Logic of Late Capitalism* (London: Verso, 1991)。人们倾向于将消费视为个人构建与维持自我认同的核心途径。然而，尽管有这样的发展，但几乎没有证据表明道德基调发生了任何变化。因为这种行为即使没有受到真正的谴责，也仍然可能受到鄙视。

[5] 首先，所有其他阶层都试图效仿(直接或间接效仿)单一有闲精英的图景不能准确地描绘现代社会复杂的阶层体系。其次，决定这些精英消费习惯的因素，仍然是一个谜，因为他们没有可以效仿的对象。第三，商品消费的新时尚并不总是、甚至通常是由社会精英发起，然后在地位低下者的模仿和效仿下沿着地位阶梯“自上而下”渗透的。事实上，时尚圈“自下而上”乃至“横向的扩散”的传播，并不亚于“自上而下”的普遍程度(见 Paul Blumberg, The Decline and Fall of the Status Symbol: Some Thoughts on Status in a Post-Industrial Society, *Social Problems* 1974(21): 480–98)。第四，社会地位并非仅仅由财富决定(更不用说仅仅由炫耀性的财富决定)；其他因素，最明显的是出身，仍然可能很重要。最后，将财富和闲暇等同看待，两者都意味着“浪费”，是一种严重失实，因为新教的重要倾向是赞扬前者而痛斥后者，波西米亚人却反其道而行之。关于模仿消费模式的全面论述，请参阅 Thorstein Veblen, *The Theory of the Leisure*

Class (London: George Allen & Unwin, 1925)；关于评论，请参阅 Colin Campbell, 'The Desire for the New: Its Nature and Social Location as Presented' in Theories of Fashion and Modern Consumerism, in Roger Silverman and Eric Hirsch (eds.) *Consuming Technologies: Media and Information in Domestic Spaces* (London: Routledge, 1992), 以及同上，Conspicuous Confusion? A Critique of Veblen's Theory of Conspicuous Consumption', *Sociological Theory* 12, no. 2 (1994).

[6] 例如，见 Melville J. Herskovits, *Economic Anthropology: A Study in Comparative Economics* (New York: Alfred A. Knopf, 1960).

[7] 见 Elizabeth E. Hoyt, 'The Impact of a Money Economy Upon Consumption Patterns', *Annals of the American Academy of Political and Social Science*, no. 305 (1956): 12–22; and Kusum Nair, *Blossoms in the Dust: The Human Factor in Indian Development* (New York: Frederick A. Praeger, 1962).

[8] 参见 Tibor Scitovsky, *The Joyless Economy: An Inquiry into Human Satisfaction and Consumer Dissatisfaction* (New York: Oxford University Press, 1976).

[9] 这两种取向涉及截然不同的策略。在第一种取向中，人们的基本关注点是增加享受生活"乐趣"的次数；因此，传统享乐主义者试图花费越来越多的时间去吃喝和跳舞等。这里的享乐主义指数就是人一生中的快乐发生率。第二种享乐主义的主要目标是从人一生中实际体验到的所有感觉中尽可能多地获取快乐品质。从这个角度看，所有行为都有潜在的快乐，只要能够以正确的方式接近或践行；这里的享乐主义指数是一个人在多大程度上真正提取出生活本身"存在"的基本快乐的能力。

[10] 见 J.L. Singer, *Daydreaming* (New York: Random House, 1966).

[11] 产品实际上不一定是新的；它们只需在展示或包装上让消费者相信它们的新颖性即可。

[12] 人们的白日梦与他们对商品和服务的选择、购买、使用和处置之间有着密切的关系，这一点从广告的性质中就可以看出。但我们不能因此就认为是广告创造了白日梦，因为白日梦似乎是现代人精神生活的固有特征，并不依赖于外部媒介的激发或维系。

[13] 见 Veblen 和 Riesman。

[14] 若认为消费主义是由追求享乐所驱动的，便意味着生态保护和反消费主义运动可能与早期的清教徒运动有一些共同之处。也许这些运动背后的一个重要的潜在动因

(即使未被公开承认)可能确实是对享乐的敌视。这些运动是否代表了一种新的清教主义,要求我们摒弃高耗能和“浪费”的生活方式?

[15] 关于这一运动的浪漫主义性质,参见 Colin Campbell, *The Romantic Ethic and the Spirit of Modern Consumerism* (Oxford: Blackwell, 1987); Frank Musgrove, *Ecstasy and Holiness: Frank Musgrove, Ecstasy and Holiness: Counter-Culture and the Open Society* (London: Methuen, 1974); and Bernice Martin, *A Sociology of Contemporary Cultural Change* (London: Blackwell, 1981).

[16] 当然,这个问题以前也有人提出过,答案也备受争议。见 Jacqueline Sarsby, *Romantic Love and Society* (Harmondsworth: Penguin, 1983); Ethel Spector Person, *Love and Fateful Encounters: The Power of Romantic Passion* (London: Bloomsbury, 1988); and Stanton Peele, *Love and Addiction* (New York: Taplinger, 1975).

第 4 章

炫耀性的困惑？凡勃伦炫耀性消费理论批判

虽然不能说索尔斯坦·凡勃伦的著作完全被社会学家所忽视，但他的概念或理论很少出现在当前的辩论中，也很少被用于研究。部分原因在于他广泛使用了进化论框架和本能主义心理学，而这两者在当代社会学思想中都显得非常过时。然而，主要原因可能是他的声誉主要取决于他作为社会批评家和评论家的角色，而不是作为社会理论家的角色。因此，C.赖特·米尔斯(Mills，1957)可能是凡勃伦衣钵最明显的继承者，他称凡勃伦为"美国孕育的最杰出批评家"，而不是最杰出的社会学家；其他追随凡勃伦脚步的人，如马克斯·勒纳(Lerner，1957)和大卫·里斯曼(Riesman，1950)，似乎也更多地归功于他讽刺激进的社会批评风格，而不是他的社会学理论。

然而，无论原因是什么，可能很少有当代社会学家能够指出凡勃伦对社会学理论的重大或独特贡献；唯一明显的例外是他的炫耀性消费概念。凡勃伦发明的这一术语不仅为大多数社会学家所熟悉，而且已成为日常用语的一部分。奇怪的是，尽管如此，相关理论在社会学中却鲜有讨论；因此，凡勃伦作为理论家的影响在经济学中更为深远，凡勃伦效应(Veblen effect)一词在经济学的理论术语中占有一席之地。鉴于消费和消费行为在当代有关"后现代社会"和"后现代状况"的辩论中占据重要地位(如Baudrillard，1975，1988；Featherstone，1991；Jameson，1987)，以及历史学家对凡勃伦理论的广泛运用，这种持续的忽视令人难以理解。[1]

虽然凡勃伦的术语通常只是在模糊的描述性意义上用来指任何非功利性的消费形式，或仅仅指那些被认为是奢侈、铺张或浪费的消费，但一些作者似乎认为凡勃伦提供了一种可以用来解释独特消费行为模式的理论。这种观点的问题在于，这种用法意味着存在一套被广泛接受的理论命题，即存在着一套被人们一致认可的炫耀性消费理论。然而，尽管凡勃伦的理论在大众和学术领域中占据着非同寻常的主导地位，但我们必须承认，该理论本身并没有成为严肃讨论的对象,更不用说成为实证研究的对象了。事实上,人们似乎只对凡勃伦理论进行过一次全面的评估(Mason,1981);重要的是,这是一位经济学家而非社会学家的研究成果。与此同时,没有人对该理论本身进行过系统的验证。因此,尽管凡勃伦的广义理论的某些方面不时受到关注(如Adorno,1967;Davis,1944),但炫耀性消费理论尚未得到批判性的研究。因此,本文的目的与其说是关注一个被忽视的理论家,不如说是关注一个被忽视的理论,尤其是关注两个关键问题。首先,凡勃伦的理论究竟是什么,它在概念化方面是否足够清晰明确,以至于可以就其核心命题达成共识?其次,从第一个问题引申出的问题是,能否以一种可以检验的方式来表述这一理论?

炫耀性消费一词在民间的广泛使用,再加上缺乏学术评估,使得人们对凡勃伦概念的确切性质产生了一些混淆。因此,尽管我们可以在通俗和专业的社会科学词典和百科全书中找到该术语的定义(Bullock & Stallybrass,1977;Gould & Kolb,1964),但这些定义通常指的是对这一现象的常识性理解,而不是凡勃伦本人的用法。因此,明智的做法似乎是先尝试确定《有闲阶级论》中实际包含的理论。遗憾的是,这说起来容易做起来难,因为凡勃伦讽刺和挖苦的口吻,加上他对传统学术风格的刻意摒弃,迫使读者不得不努力去确定他心中所想究竟为何。然而,更严重的问题往往来自凡勃伦功能主义方法中固有的模糊性。

以意图、动机或本能为区分的炫耀性消费

描述炫耀性消费的一种常见方式是将其描述为一种行为模式,旨在实现维持或提高个人社会地位的目标(如Bullock & Stallybras,1977;Gould & Kolb,1964)。随便读一读《有闲阶级论》,这种观点显然更有说服力。这样的阅读很可能会给读者造成这样的印象,即炫耀性消费理论涉及一种特殊形式的理性目的行为,其中地位因素占主导地位,因为凡勃伦通常暗示个人有意识地寻求"在金钱地位上出类拔萃",从而"赢得(他们)同伴的尊敬和羡慕"(1970[1925]:32)。当然,他不断提到个人要么努力"相互超越"(1970[1925]:88),"希望在商品积累方面超越所有人"(1970[1925]:32),要么"不停地努力使(他们自己)与(平均水平)之间的金钱差距越来越大"(1970[1925]:31)。因此,人们的印象是,在这种霍布斯式的社会存在中,所有行动者都会清楚地意识到他们所参与的斗争的性质,并会毫不犹豫地承认凡勃伦的论述是对他们行为的真实描述。因此,结论似乎是,炫耀性消费是一种个人有意识地努力实现特定目的的活动。尽管在上述引文中对这一目标的描述各不相同,但共同的主题似乎是,个人寻求(1)在金钱能力或金钱实力的表现上出类拔萃,以便(2)给他人留下深刻印象,从而(3)获得他人的尊敬或羡慕。由此,我们似乎可以合理地得出结论:炫耀性消费是一类以改善他人对自己的看法为目标的有意行为。

然而，细读凡勃伦的著作，我们会发现对炫耀性消费现象的理解有些不同，可以说，行为背后的动机比制定的目标或意图更受重视。例如，很明显，凡勃伦特别强调他所谓的“效仿动机”，并一再断言“所有权的根本动机是效仿”（1970[1925]：25）。然而，凡勃伦将效仿称为“动机”的表述并不十分准确，因为效仿这一动词仅仅暗示了一种以追赶或超越某人为目的的行为方式，并不一定意味着这种行为的动机。

使问题更加复杂的是，凡勃伦多次将效仿等同于进行令人反感的比较。显然，他认为这两者总是相互暗示的，尽管进行比较与效仿一样，并不是通常意义上的动机。然而，伴随而来的情绪，如嫉妒等，很可能就是这种动机。[2]然而，凡勃伦似乎认为，进行这种比较必然会导致效仿：他写道，“效仿[是]一种令人反感的比较的刺激，它促使我们去超越那些我们习惯于将自己归于其中的人”（1970[1925]：103）。从这个角度看，炫耀性消费是由效仿动机引发的行为，凡勃伦认为这种动机“自古以来就有，而且是人类天性的一种普遍特征”。事实上，他认为这可能是继“自我保护的本能”之后，“最强烈、最警觉、最持久的经济动机”（1970[1925]：110）。正如上述引文所示，凡勃伦似乎更多地将效仿视为一种“本能”，而非动机。这种立场或许有助于解释为什么炫耀性消费可以被视为有意的（在有目的的意义上），尽管不是自愿的——也就是说，它类似于动物和鸟类的本能，是一种预设的、物种共有的做法。

当然，如果炫耀性消费产生于这种意义上的本能，那么个人可能不会意识到他们的行为在多大程度上采取了这种形式。因此，他们很容易上当受骗，以为自己的行为是出于其他原因，而实际上是“炫耀性浪费法则”决定了他们的行为。事实上，这似乎也是凡勃伦的立场：他指出，“大多数浪费性消费”并不是源于“有意识地在炫耀性消费的昂贵程度上精益求精，而是希望在消费商品的数量和档次上达到传统的体面标准”（1970[1925]：102）。因此，“炫耀性浪费法则，在第二层意义上，通过塑造品位和体面的标准来引导消费……”（1970[1925]：168）。因此，根据凡勃伦的观点，当人们为了达到特定的“体面理想”而努力生活，并执行他们了解到的视为“正确和良好”的生活标准时（1970[1925]：84），他们在现实中不知不觉地遵循了炫耀性消费的法则。因此，根据这一版本的理论，消费者的有意识意图与效仿的“动机”（或“本能”）之间存在着鲜明的对比，前者旨在实现他们可望而不可及的“消费理想”，而后者则是实际推动这种行为的“动机”（或“本能”）。

另一种解释是，炫耀性消费是一种以特定的有意识的“动机”为标志的行为方式。这其实并不包括效仿，因为在这种情况下，效仿与其说是一种动机，不如说是动机的结果。事实上，从凡勃伦的论述中我们至少可以看出三种可能的效仿动机。第一个动机是保护或提高自尊。凡勃伦对炫耀性消费活动背后的心理机制提出了如下最清晰的论点：财富赋予荣誉；个人受到的尊敬与他们所拥有的财富成正比，而个人的自尊则取决于他人给予的尊敬。由此可见，个人所感知到的财富的波动会导致自尊的变化。因此，为了保护或增强自尊，个人有必要表现出相当的“金钱力量”。但是，凡勃伦也提出了其他一些与此行为相当不同的动机。例如，他提到了“拉大”自己与那些习惯于把自己归为一类的人之间的“金钱差距”所带来的“满足感”，以及“拥有比别人更多的东西”所带来的“满足感”(1970[1925]:31)。有趣的是，这些动机与上文提到的自尊动机不同，丝毫不依赖于他人的反应。最后，凡勃伦提到，“渴望获得同伴的羡慕”(1970[1925]:32)也是努力进行炫耀性消费的动机之一。[3]

我们现在可以得出结论，在凡勃伦的炫耀性消费解释理论的单一总标题下，似乎至少有三种不同的说法。第一种是以有意识的意图为关键的形式；第二种是以无意识的动机(或本能等动力)为关键的形式；第三种是以有意识的动机为关键的形式。这里的两个对比维度是：(1)动机与意图；(2)有目的的行动与无意识的行动。

以后果、结果或功能为区分的炫耀性消费

以特定目标、意图或目的表述的炫耀性消费的定义几乎与以独特后果或功能表述的炫耀性消费定义一样常见(此类用法的著名案例，可参见默顿1957年的论述)。根据这一表述，炫耀性消费并不以个人的任何特殊主观状态为标志，而是以“世界”中的客观状态为标志。用这些术语来看待炫耀性消费，最明显的方式就是将其视为导致他人对行为人的金钱实力留下深刻印象的行为。然而，正如我们在上文有理由注意到的那样，凡勃伦对关键结果提出了不止一种解释。是打动他人真的至关重要，还是“扩大金钱差距”从而“提高金钱地位”的实际过程本身就足够了？目标是提高地位还是声望？最后，炫耀性消费到底是打动他人的行为，还是炫耀性消费者认为其行为能成功地打动他人？为了思考这些(以及其他)问题，我们不妨在此研究一下凡勃伦提供的为数不多的例子之一。

尽管凡勃伦声称有充分的证据支持他的理论(包括学术研究和直接的个人观察)，但他在书中几乎没有提出任何扩展的例子。尽管如此，他的论述中还是穿插了一些诱人的建议；我们可以对其中一个建议进行深入研究，以说明它是如何阐明他更为普遍和抽象的主张的。作为19世纪末美国劳工阶层炫耀性消费的一个例子，凡勃伦列举了手工业者，尤其是印刷工中盛行的饮酒，特别是“请客”的做法。他指出，地域流动性是这些工人生活的一个重要特征，其结果就是，他们一生中的大部分时间都在城镇之间奔波。其后果之一是，印刷工人不断与新相识的群体接触，“与他们建立的关系是短暂的或者是虚无缥缈的，但他们的好评在当下却同样重要”(1970[1925]:90)。这种“好评”是通过为新同事买饮料或“酒”来获得的，凡勃伦认为这是一种“炫耀性消费”。

关于这个例子(虽然相当模糊)，我们可以注意到一些要点。当然，我们可以理解，一个流动印刷工在初到新工友中间时，可能会受到诱惑而在酒水上大肆挥霍，并沉迷于请客吃饭。与凡勃伦一样，我们也可以合理地认为，他这样做除了想炫耀之外，还可能是出于一种良好的友谊精神。然而，更难以接受的假设是，他的酒友一定会像炫耀性消费理论所要求的

那样，把他的慷慨大方看作他金钱地位或财富的证明。尽管这种结果是可能的，但他们似乎更有可能将他的行为简单地归结为他希望得到他们的“好评”，而且他们很可能会认为他为了追求这一目标而不惜欠下大笔债务。然而，无论他们对他花的钱的来源做出何种假设，他们似乎更有可能认为他的行为表明了他的性格，而不是他的财务状况。也就是说，他对待新同事的行为会被认为是一个信号，表明他是一个慷慨大方、善于交际的人，是一个喜欢热闹、处处“与人为善”的人。因此，尽管他的行为确实会赢得新同事的高度尊重，但这与其说是因为他们承认他的金钱地位高，还不如说是因为他们看重他的这种个人品质。

然而，凡勃伦不仅没有认识到人们可能会因为这些原因而给予他人尊敬，他也没有对因慷慨、勇敢、善良、智慧和风度等个人品质而给予个人的尊敬和尊重，与因占据显赫的社会地位而给予个人的尊敬和尊重，做出至关重要的区分。他的基本假设是，社会地位体系是围绕财富差异建立的，因此个人的“金钱地位”等同于其社会地位。因此，个人所受到的尊敬和尊重都来自他们的社会地位，而非个人特征。然而，在上面的例子中，印刷工可能并没有因为他的请客行为而对他的社会地位产生任何影响：虽然他现在很受工友们的欢迎，但他在房东、雇主甚至自己家人心目中的地位不可能有任何改变。

关于上述例子，我们还可以提出另一个同样重要的观点，即消费者与他或她希望打动的人之间的关系。凡勃伦似乎假定印刷工通过其财富打动了新朋友，从而赢得了他们的尊敬，而任何中立的观察者都会得出这样的结论：任何尊敬都只不过是“买来的”。在某些情况下，观察者虽然没有从中获益，但却被某人表面上的挥霍所打动；而在另一些情况下，他人的好评则与某人的财富被花在他人身上这一事实有关，这两者之间存在重大的不同。凡勃伦的理论显然不认为财富能让个人购买荣誉或尊敬。恰恰相反，他认为财富本质上就是荣誉，因此无论财富如何挥霍，都能赋予财富拥有者地位；唯一的限制条件是，财富必须以招摇和炫耀的方式挥霍。因此，上述例子并不恰当，因为它所描述的情况是，消费者和受众之间的关系与施惠者和受惠者之间的关系被混淆了。然而，这种混淆可能并不是偶然的，因为那些经常被作为炫耀性消费的绝佳范例的做法，经研究发现往往有了这一额外的层面。最明显的例子就是“炫富宴”（potlatch），迪金斯（Diggins）称这种美国印第安人的仪式盛宴是凡勃伦提出“炫耀性消费”这一概念的最初灵感来源（1978：104）。这也适用于阿列赫·斯佩罗（Aryeh Spero，1988）提出的炫耀性消费实例。在这些例子中，炫耀性消费者同时也是宴会的主人；他可能不仅想给客人留下深刻印象，而且还想让他们为习俗要求他们偿还的债务数额感到难堪。

从这个角度看，通过炫耀性的展示给人留下深刻印象仅仅是从事有关行为的一系列原因之一；这些原因包括正常的待客义务、被认为慷慨大方的愿望以及引起他人负债的好处。更重要的是，在这些情况下，我们不可能确定消费者所受到的尊重有多少是来自炫耀性消费的因素，而不是他们表现出的慷慨程度或在扮演主人角色方面取得的总体成功。如果要找到任何令人信服的炫耀性消费的例子，它们必须与消费者和受众之间没有其他复杂关系的情况有关。为了跟进这一点,我们应该更仔细地考虑受众的性质,并决定到底是谁可能会被炫耀性消费打动,以及在什么情况下会被炫耀性消费打动。在这方面,我们可以注意到,凡勃伦的论述在两个不同方面赋予了其他人关键性的作用。首先,根据凡勃伦的观点,进行炫耀性消费的冲动来自个人与他人进行比较的过程(即所谓的"不公平的比较"或"模仿")。其次,炫耀性消费行为的成败取决于他人的反应。遗憾的是,凡勃伦对这两类他人(比较者和受众)的评论在这两方面都相当含糊:他是否认为这两类人是重叠的,或者说,是否将其中的一类人或两类人都视为与炫耀性消费者自己的成员群体相同,这些都不清楚。至于比较的问题,凡勃伦提到一个人试图拥有与"他习惯于把自己归于其中的其他人"(1970[1925]:31)一样多的商品,以及人们努力"超越他们习惯于把自己归为同类的人"(1970[1925]:103)的普遍倾向。因此,他不仅提出了成员与参照群体之间的身份认同,还提出了比较者与竞争者之间的身份认同。事实上,我们从参照群体行为的研究中得知,个人可能出于各种目的将自己与多个不同的社会群体(或类别或榜样)进行比较,这些群体可能与他们的成员群体或者与他们视为社会地位和声望竞争对手的群体一致,也可能不一致(Merton,1957:281-384)。在受众群体方面,情况就不那么混乱了。通常情况下,凡勃伦只是指个人寻求获得"同胞"的尊重和羡慕,尽管最常见的印象是他假定这些人来自成员群体。然而,他在这方面的观点并不一致,而且他的论述在两个关键方面让人感到困惑。

第一个方面涉及目标受众。炫耀性消费者是否向所有人展示他们的炫耀性消费,或是不分青红皂白地向任何碰巧在场的人展示他们的金钱实力?或者,他们是否小心谨慎,确保他们希望打动的那些人能够准确地看到他们的消费?流动印刷工的例子表明是后者,因为他想必非常清楚自己准备讨好哪些人。此外有一次,凡勃伦说,炫耀性消费通常集中在那些对于观察者来说最显而易见的方面,(并试图)获得观察者的好评(1970[1925]:112)。然而,在其他时候,凡勃伦在提到炫耀性消费时,又说似乎他们关心的是如何成功地打动他们可能遇到的任何人,无论这种互动是多么的短暂,也无论观察者是多么的陌生。[4]

这一点反过来又提出了关于受众群体的第二个相关问题。受众群体是仅仅包括有关个人所熟知的、与他们惯常互动的人,还是可以说包括他们行为的匿名和陌生的观察者?

事实上,凡勃伦认识到了这种对比的重要性,并将其与传统社会向现代社会的转变联系在一起。他指出,在现代社会中,"机械地讲,一个人的邻居往往不是他的邻居,甚至不是他的熟人"(1970[1925]:87)。因此,与以更亲密、更了解他人为特征的传统社会相比,在现代社会中,一个人消费的潜在受众更多的是无名氏。正如凡勃伦所指出的,这不仅仅是一个不认识邻居的问题,还因为"在现代社会中,人们也更频繁地参加教堂、剧院、舞厅、酒店、公园、商店等地方的大型聚会,而这些人都是日常生活中互相不认识的"(1970[1925]:87)。凡勃伦从这些观察中得出结论,因为在短暂或非人际交往的会面中,陌生人对一个人的所有了解都是基于可见的事物,所以一个人的金钱实力必须通过外表清晰明确地展示出来。按凡勃伦的说法,如果一个人要给日常生活中大多数不知名的观察者留下深刻印象,"他的经济实力的标志就应该写在观察者可以读懂的字里行间”(1970[1925]:87)。

这一论点的问题在于，它似乎提出了一个相当重要的问题：为什么有人要给这些不断变化的、不知名的潜在观察者留下深刻印象？

凡勃伦最初的论点是，炫耀性消费者试图用自己的财富来打动他人，以赢得他们的尊重，从而保持或提高自己的社会地位。然而，我们很难理解这一论点如何适用于这样的情况，即一个人的行为被许多不知名的观察者瞬间察觉出来：无论一个人在他们心目中形成什么样的印象，都很难知道这对他的社会地位有什么影响。在缺乏个人相互了解所需的定期和持续互动的情况下，对消费者的任何评判，无论是单独考虑还是综合考虑，都没有什么意义。因此，为什么有人要费心费力地在自己的外表上“写下(他们)金钱实力的签名”呢？不过，也有人会问，无论如何，消费者怎么会知道其他人能够“读懂”这个签名，或者他们确实对这个签名印象深刻呢？

后一个问题对于凡勃伦的整个理论来说也是相当关键的，但他并没有解决这个问题。在整个讨论过程中，他强调炫耀性消费是针对他人的行为，其具体意图是给他人留下深刻印象，并在可能的情况下引起他人的嫉妒。然而，他并没有考虑炫耀性消费者如何知道他们已经成功地达到了这一目的。在上文提到的那些情况中，消费者不知道观察者是谁，而且实际上不存在互动，因此个人似乎根本无法知道。然而，对于那些对行为者熟知的人来说，情况是否会截然不同就不清楚了。例如，印刷工匠如何知道自己给工友留下了深刻印象？购买并展示昂贵物品的人如何知道目标受众确实对其印象深刻？正面的赞美之词不可能总是被照单全收。礼仪、习俗和礼貌规范都可能掩盖听众的真实想法和感受。再有，即使钦佩是真实的，也不容易确定这种钦佩是直接来自对一个人财富的评估，即从其展示的产品中推断出来的，而不是来自其他方面。由此看来，炫耀性消费者在确定自己是否达到了目的时，几乎面临着不可逾越的困难。

这一结论之所以重要，是因为它揭示了炫耀性消费是一种具有两套不同后果的行为方式：一是他人的态度和观点已经发生的变化(如果有的话)，二是有野心的炫耀性消费者在想象中已经发生的变化。第二类别至关重要，因为它很可能决定消费者以后的行为。如果把炫耀性消费看作一种持续的活动模式，那么这种行为只有在被认为是成功的情况下才会重复。但是，如果相关个人无法判断自己是否成功，这种行为模式还会持续下去吗？我们认为不会，在这种情况下，就存在着一个尚未解决的问题，那就是使个人炫耀性消费的努力持续下去的机制问题。

所有这些问题都直接源于凡勃伦的功能主义，并构成了这一方法中一些较广为人知的缺陷。1968年，亚瑟·K.戴维斯(Althur K.Davis)将凡勃伦的方法描述为“惊人的现代方法”。他说：“他实践了对社会现象的潜在或非预期功能的分析，但并未将其命名”(第306页)。事实上，罗伯特·默顿(Robert Merton)在其著名的关于潜在和显性功能的论述中，将凡勃伦的炫耀性消费理论作为功能分析的经典范例(1957:65)。然而，默顿的区分在实践中并不像他在论述中所说的那么容易应用。正如一些评论家所指出的那样(Giddens,1976;Helm,1971;Isajiw,1968;Levy,1952;Spiro,1961;Sztompka,1974),意图和认识可以相互独立地变化,而这种区分所依据的逻辑也是值得怀疑的(Campbell,1982)。个人不仅可能认识到行动会产生他们从未想过的后果,他们甚至可能预见到这些后果。同样,一个挥霍无度的人可能会意识到别人会对他或她的"金钱实力"印象深刻,但这并不意味着这就是他或她的本意。反之,一个花钱大手大脚的人,其明确意图是给他人留下深刻印象,但他可能做不到这一点;正如埃尔斯特(Elster,1983:66-70)所言,"给他人留下深刻印象"这一结果更有可能是出于其他原因而采取的行为的副产品。

这些问题对于确定一套清晰的命题,从而构成令人满意的炫耀性消费理论至关重要。因为,如果像默顿所说的那样,这种行为形式代表了一种"潜在的功能",即出于其他原因而采取的行动所产生的一种非预期的、未被认识到的结果,那么,不仅首先有必要明确为什么采取这种行为,而且有必要明确行为者的有意识意图与这种特定结果之间的关系。明确(但难以设想)导致行为者重复行为的反馈过程至关重要。凡勃伦对这一特定问题的解决方案是援引一种效仿的"本能",但这一方案不太可能说服许多当代社会学家。然而,如果把炫耀性消费定义为一种有意识、有目的地进行的行为,其明确目的是用自己的财富打动他人,那么,如果要有一个适当的炫耀性消费理论,就仍然有必要明确指出谁是目标受众,是什么促使个人采取这一行动,他或她如何知道这一行动是否成功,以及成功或失败究竟会以何种方式导致同类行为的重复。正如我们所看到的,凡勃伦并没有解决这些问题。

结　论

本章的目的是关注一个被忽视的理论,而不是一个被忽视的理论家,并通过研究如何定义炫耀性消费来实现这一目的。这就要求我们仔细阅读《有闲阶级论》一书的内容,并将不同的论点加以区分。考虑到这些方面,我们现在能得出什么结论呢?无论是单独还是一起,它们是否构成了适当定义这一现象的足够基础?例如,是否可以将其作为研究计划的基础,以检验当代社会炫耀性消费的性质和程度?答案似乎并不完全是"是",因为我们注意到了重重困难。

至于将炫耀性消费视为导致特定后果(或实现特定功能)的行为,我们自然会遇到与功能主义方法相关的所有我们熟悉的问题。因此,这种方法自然会排除那些虽然有这种意图但却没有达到目的的行为,同时也包括那些虽然有成功结果但却没有任何这种意图的行为。此外,它也不允许以其他方式实现同一目标(即功能替代)。因此,假定一个人的行为成功地打动了他人,从而提高了他或她的地位,这种行为就可以归因于此人的消费活动(更不用说

“金钱力量”的体现了），除非考虑到其他替代方法（如个人品质的体现），否则这种假定是不合理的。

相比之下，将炫耀性消费视为个人主观状态的具体表现的解释方法乍看起来似乎相对有说服力。然而，这也存在一些问题。最重要的是，目前还不清楚关键的判定标准是意图（如“超越”他人或“在金钱地位上出类拔萃”）还是动机（如“嫉妒”或知道自己比他人拥有更多的“满足感”）。此外，这些动机和意图是有意识的、潜意识的、“本能的”，还是仅仅体现在习惯做法中，也是不确定的。最后，无论是主观主义还是功能主义的表述，都涉及对这一活动的“受众”的性质的假设，以及对这一受众达到预期效果导致行为者重复炫耀性消费行为的精确反馈过程的假设，这些假设都存在很大问题。

这些问题表明，凡勃伦最著名的概念在表述上不够清晰，无法就其定义达成普遍一致。在这种情况下，社会学家们似乎很难就构成炫耀性消费“理论”的一系列命题达成共识。例如，如果个人被认为不知道自己的动机和意图，那么人们怎么知道要收集哪些数据才能确定他们的行为应该算作炫耀性消费呢？另一方面，如果这种形式的行为被认为是有意识动机或意图的产物，那么在所讨论的几种可能性中，哪一种才有理由被列入这一名称呢？如果能解决后一个难题，如果能对炫耀性消费行为的主观性质有一个清晰的概念，我们或许就能通过细致而敏感的访谈，确定其在现实中发生的背景和程度。

然而，即使是这种有限的研究策略，也会遇到一个问题。梅森认为，“急于炫耀财富和提高声望的炫耀型消费者很少会明确承认自己有这样的意图”（Mason，1981：42）。因此，即使我们得出结论认为，炫耀性消费可以通过存在特定的有意识意图来定义，研究人员也很可能会发现，没有任何受访者愿意承认这一定义适用于他们。

注　释

[1] 因此，劳伦斯·斯通（Lawrence Stone，1965）在研究1558年至1641年间的英国贵族时采用了凡勃伦的炫耀性消费概念，彼得·伯克（Peter Burke，1987）在研究早期意大利时也采用了这一概念。同时，关于凡勃伦式的社会效仿理论在理解18世纪英国“消费革命”中的作用，也存在着广泛的争论（Campbell，1987；McKendrick，1982；Perkin，1968；Weatherill，1988）。

[2] 社会学家对“动机”一词适用于现实的哪个方面（如果有的话）存在争议。虽然韦伯（Weber，1964）用这个词既指行动的原因，也指可能促使个人采取行动的情感力量，但其他学者则沿袭C. 赖特·米尔斯（C.Wright Mills，1940）的论点，试图将其含义限定在“言语”范围内（Scott & Lyman，1970；Semin & Manstead，1983）。这里所采取的立场

是，这种“动机词汇”传统与理解个人行为的实际发起和完成方式无关（Campbell，1991）。因此，在本章的讨论中，动机被假定为一种主观上有意义的体验，由思想和情感组成，促使个体采取行动。

[3] 凡勃伦指出，积累财富可能有除消费以外的动机。他提到了需求之外的舒适感和安全感，但认为这些与效仿相比是“微不足道的”。

[4] 梅森认为，真正的炫耀性消费者是在心中有明确受众目标的人，即“个人向往的社会群体或他是其中的一员”（Mason，1981：34）。

参考文献

Adorno, Theodor W. (1967) *Prisms*. Letchworth, Herts: Neville Spearman.

Baudrillard, Jean (1975) *The Mirror of Production*. St. Louis: Telos.

——(1988) 'Consumer Society', in Mark Poster (ed.) Jean Baudrillard: Selected Writings. Oxford: Polity, 29-56.

Bullock, Alan and Oliver Stallybrass (eds.) (1977) *The Fontana Dictionary of Modern Thought*. London: Fontana/Collins.

Burke, Peter (1987) *The Historical Anthropology of Early Modern Italy*. Cambridge, UK: Cambridge University Press.

Campbell, Colin (1982) 'A Dubious Distinction? An Inquiry into the Value and Use of Merton's Concepts of Manifest and Latent Function', *American Sociological Review* 47: 29-44.

——(1987) *The Romantic Ethic and the Spirit of Modern Consumerism*. Oxford: Blackwell.

—— (1991) 'Re-Examining Mills on Motive: A Character Vocabulary Approach', *Sociological Analysis* 52: 89-98.

Davis, Arthur K. (1944) 'Veblenon the Decline of the Protestant Ethic', *Social Forces* 22: 282-286.

——(1968) 'Thorstein Veblen', in David L. Sills *The International Encyclopedia of the Social Sciences*. New York: Macmillan, 303-308.

Diggins, John P. (1978) *The Bard of Savagery: Thorstein Veblen and Modern Social Theory.* Brighton, UK: Harvester.

Elster, Jon (1983) *Sour Grapes: Studies in the Subversion of Rationality.* Cambridge, UK: Cambridge University Press.

Featherstone, Mike (1991) *Consumer Culture and Postmodernism.* London: Sage.

Giddens, Anthony (1976) 'Functionalism: *Apres La Lutte*', *Social Research* 43: 325-366.

Gould, J. and W.L. Kolb (eds.) (1964). *A Dictionary of the Social Sciences.* London: Tavistock.

Helm, Paul (1971) 'Manifest and Latent Functions', *Philosophical Quarterly* 21: 51-60.

Isajiw, Wsevolod W. (1968) *Causation and Functionalism in Sociology.* London: Routledge and Kegan Paul.

Jameson, Frederic (1987) 'Postmodernism and Consumer Society', in Hal Foster (ed.) *Postmodern Culture*. London: Pluto, 5-32.

Lerner, Max (1957) *America as a Civilization.* New York: Simon and Schuster.

Levy, Marion J. (1952) *The Structure of Society.* Princeton: Princeton University Press.

Mason, Roger S. (1981) *Conspicuous Consumption: A Study of Exceptional Consumer Behaviour.* Farnborough, Hants: Gower.

McKendrick, N., J. Brewer, and J. H. Plumb (1982) *The Birth of a Consumer Society.* London: Europa.

Merton, Robert K. (1957) *Social Theory and Social Structure*, revised and enlarged ed. New York: Free Press.

Mills, C. Wright (1940) 'Situated Actions and Vocabularies of Motive', *American Sociological Review* 5: 904-913.

—— (1957) 'Introduction', in Thorstein Veblen *The Theory of the Leisure Class: An Economic Study of Institutions*. London: Unwin, v-xxi.

Perkin, Harold (1968) *The Origins of Modern English Society.* London: Routledge and Kegan Paul.

Riesman, David, Nathan Glazer, and Reuel Denny (1950) *The Lonely Crowd: A Study of the*

Changing American Character. New Haven: Yale University Press.

Scott, Marvin B. and Stanford M.Lyman (1970) 'Accounts', *American Sociological Review* 33: 46-62.

Semin, G. R. and A. S. R. Manstead (1983) *The Accountability of Conduct: A Social Psychological Analysis*. London: Academic Press.

Spero, Aryeh (1988) ' "Conspicuous Consumption" at Jewish Functions', *Judaism* 37: 103-110.

Spiro, Melford (1961) 'Social Systems, Personality, and Functional Analysis', in Bert Kaplan (ed.) *Studying Personality Cross-Culturally.* New York: Harper and Row, 93-128.

Stone, Lawrence (1965) *The Crisis of the Aristocracy* 1558-1641.Oxford: Clarendon.

Sztompka, Piotr (1974) *System and Function: Toward a Theory of Society.* New York: Academic Press.

Veblen, Thorstein (1970 [1925]) *The Theory of the Leisure Class: An Economic Study of 1nstirurions.* London: Unwin.

Weatherill, Lorna (1988) *Consumer Behaviour and Material Culture* in Britain 1660-1760. London: Routledge.

Weber, Max (1964) *The Theory of Social and Economic Organizations*. New York: Free Press.

第 5 章

物品的意义和行为的意义：关于消费社会学和服装理论的评论

引 言

社会科学中一直存在的一个难题是，学术界倾向于将物品通常所具有的意义，毫无问题地延伸到其使用的意义上，从而混淆了对实物的分析和对使用这些物品的行为的分析。这种混淆在消费研究中最为常见，因为在消费研究中，物品作为“货物”或“商品”，必然占据重要地位。社会科学家为解释消费活动而提出的理论，往往既涉及商品，也涉及商品使用的意义的主张。事实上，大多数这些理论的一个重要特点是，对后者的理解主要是通过对前者的主张来实现的（Veblen，1925；Bourdieu，1984）。然而，这种方法有可能将两种逻辑上截然不同的参照系混为一谈，从而造成相当大的困惑。因为我们完全有可能探究一个对象的“意义”，而这种探究对个人的行为并无任何必然的影响。同样，我们可以探究一个行动背后的决定，而这种探究并不一定会导致对相关对象意义的分析。

第一种探究形式的一个明显例子是，即使艺术家个人或物品的产地和日期不详，艺术评论家也可以理性地讨论一件艺术品的“意义”。从这个意义上说，对物品的讨论类似于自然科学中的讨论，科学家可能会推测自然现象的含义，但这并不一定会导致对人类行为主体的目标和动机的探究。[1]与这种形式的分析形成鲜明对比的是，一个动作的“意义”只能通过参照执行该动作的人类行为者的目标和动机来发现，而许多重要的“动作”，例如说话或走路等，都是在没有使用物品的情况下发生的。然而，当我们在分析明显涉及人造物品的人类行为时，这两种分析形式之间的区别很容易变得模糊不清，结果是人们倾向于认为可以直接从所使用的物品的公认社会意义中推断出行为的意义。

这种危险可以从讨论服装消费时常用的方法中得到说明。因为观察者往往认为,既然他们不难为一件衣服赋予意义,那么通过简单的推断过程,他们也能理解一个人选择和展示衣服的行为的意义。例如,有一种观点认为,由于人们普遍认为皮草大衣这样的产品象征着财富和奢华,因此看到一个人穿着皮草大衣,就意味着他或她想通过这种行为向目睹者传递"信息"。这样,一个或多个动作的含义就可以从对相关物品的文化意义的了解中推导出来。然而,在做出这种解释时,我们并没有试图准确地确定个人所从事的是什么行为,更不用说是出于什么原因做出了购买和穿戴相关服饰的关键性决定(如果确实做出了这样的决定的话)。不能因为观察者(学术界或其他方面)认为赋予产品意义相对容易,就认为这些意义与个人在使用这些产品时所采取的行动相一致。

造成这种混乱的原因是,人们太容易假定,个人之所以选择和使用他们所使用的产品,是因为人们普遍认同这些产品所具有的意义。因此,在这个例子中,人们假定,正是因为皮草大衣与财富和奢华联系在一起,相关的个人才决定购买一件,然后在这个场合穿上它。但这一论证思路往往会引出一些重要问题,因为分析物品含义所需的概念框架与分析行为含义所需的概念框架之间存在着一些关键性的根本差异。其中有两点尤为重要。第一个问题涉及意义的统一性和参数。

物品的意义与行动的意义

物品,尤其是衣服等制成品,往往有明确的界限,因此具有明显的不确定性。人们可以争论一条牛仔裤或一顶棒球帽的"意义",但学者们不太可能争论这些物品各自的构成要素。从这个意义上说,它们作为物品的完整性几乎没有争议。而行动则没有这种明显的不确定性,因为它们通常没有明确的界限。虽然少数行为可以这样描述,但大多数个人行为通常是由连续的"流动"构成的,因此,对于观察者来说,一个行为在哪里结束,下一个行为在哪里开始,并不十分明确。正因如此,"行为"的构成在哲学家中一直存在争议(Davidson,1971,1980),而社会学家对"行为"和"代理"的性质仍然存在分歧(Giddens,1976;Campbell,1992b)。这意味着,我们不能想当然地认为消费行为的性质只是关注其意义,因为我们首先需要确定这些行为可能是什么。并非所有的人类行为都是由行动构成的,实际上是行为与行动的混合体,这就使得这项任务变得加倍困难,尽管实际上只有第二类行为才是"有意义的",即体现了有意识地制定的意图。

第二个密切相关的问题涉及意义本身。就制成品等物品的"意义"而言,往往只有两种基本选择。意义要么被工具性地感知,即与使用相联系,要么被象征性地感知,从而等同于发现一个或多个参照物。然而,当把行动视为"行动的意义"时,情况就复杂多了,在包含这两种可能性的同时,还可以包括作出决定的理由、作出决定的动机以及随之产生的任何后果或"功能"。因此,确定一项行动的"意义"要比寻求一项产品的"意义"复杂得多,也困难得多。

这些观察结果的含义是,社会科学家在开始分析消费者行为的意义之前,首先有必要确定这些行为是什么,而在咨询消费者本人之前就假定这个问题可以得到答案是不合理的。然而,许多消费理论的特点就是做出这样的假设。因此,购买一件衣服被毫无问题地视为这样的"行为",而从个人衣橱中挑选一件衣服并在公共场合展示(与其他物品一起)则被假定为另一种行为。这些都被认为是"行动",因为它们体现了有动机的个人有意识的选择,他们将其视为实现预期目标的适当手段。有趣的是,在这一点上,后现代主义消费理论家与经济学家和理性战略理论家一样,对消费的本质做出了相同的假设;即他们假设个人的行为反映了决策和选择,并在此基础上对他们的行为进行"解释"。这两种社会理论所体现的假设之间的唯一区别在于,社会科学家认为行为是以商品的功能为导向的,而后现代主义消费理论家则认为行为是以商品的象征意义为导向的。然而,通常情况下,这两类人都不屑于验证自己的假设,即向消费者本人核实其行为的性质和意义。因为这种假设可能非常具有误导性,至少在某些时候,对许多消费者来说,这些行为方式根本不是真正的"行为"。要证明这一点,最简单的方法就是关注"选择"这一核心问题。

选择问题

消费理论家通常认为,由于大多数人都拥有不止"一套"衣服(即不止一件衣服),因此个人的穿着是一个决策过程的结果,其中包括在不同选择之间做出选择。这是假定服饰构成某种"语言"的基本理由(Lurie,1981),也是假定穿着者向那些能够看到他或她的人"传递信息"的基本理由。人们还普遍认为,这种选择是从一系列可能性中做出的——个人的整体"衣橱"——而衣橱本身又是个人先前在替代产品之间做出的一系列选择的结果。人们还经常假定,个人一直在不断地"建立"或至少是"维护"这样一个衣橱,在任何特定场合穿什么衣服都是从一系列不断变化的可能性中做出的选择。因此,可以说,在"解读"个人服装中所包含的信息时,是在解读一个两阶段的决策过程:首先是决定购买这些特定的物品,其次是决定在哪些场合穿着它们。

这些假设都存在问题。首先,假设所有的人都能对自己的穿着做出选择,这合理吗?或者说,许多人在穿着上受到限制,实际上几乎没有或根本没有选择的余地?不久以前,大多数人都没有几件衣服,通常只有一件,或者可能有两件(一件工作服,一件最好的衣服)。即使在今天,有些穷人的处境也没有什么改变。[2]如果不是因为贫穷,其他人也可能处于类似的境地。孩子们衣服不合身的速度可能快于父母更换衣服的速度。减肥成功的人或生病的人可能会发现他们的衣服不再合身,而非常高大、矮小或肥胖的人可能会发现他们作为消费者的选择受到很大限制。同样,个人可能会发现,由于某种原因,他们对服装的选择暂时受到限制。也许是因为有些衣物需要清洗或缝补,也许是遗失了,也许是借给了别人,也许是还没有从洗衣店拿回来。此外,即使不贫穷的人也可能发现自己只有一件特定种类的衣服;也许只有一件泳衣或大衣,或者一套适合求职面试或葬礼的深色西装。显然,我们不能简单地认为,个人所穿的衣服必然是在一系列合适的选择中做出的选择。

话又说回来,人们可能并没有做出选择,因为对许多人来说,他们所穿的衣服就是他们必须穿的——实际上就相当于制服。换句话说,尽管个人拥有各种不同的衣服,理论上他们可以从中做出选择,但实际上,他们所处的地位或角色排除了做出这种选择的可能性。这显然不仅仅是法律规定某些人(例如警察或武装部队成员)必须穿戴什么,以满足所属机构的要求这么简单的事实。这种要求可能是明显意义上的制服,如司机、佣人或空姐的制服,也可能仅仅是某种工装或防护服。

在这种情况下,观察者可能非常清楚他们看到的是制服,因此,穿着者在这件事上没有什么选择。但也有一些"制服"的例子不那么容易辨认;也就是说,观察者可能没有意识到他们所观察的个人即使不是被要求也是被限制穿着某种风格或特征的服装。事实上,在许多职业和专业中,没有明确的着装要求是很常见的。例如,女教师常发现穿长裤会遭非议,而男性办公室工作人员可能会发现他们被要求打领带,销售员被要求穿西装,伦敦金融城的经纪人则受到同行的压力而必须穿条纹衬衫和配红色背带。所有这些都表明,"服装反映选择"这一假设的适用范围并不像人们通常认为的那样广泛,它可能只适用于许多人"下班"的时候。[3]

还有一个问题是,人们在多大程度上真正选择了挂在衣柜里的衣服。假定人们所穿的衣服都是他们自己从商店里琳琅满目的商品中挑选出来的,这又有多真实呢?显然,年幼的孩子不是这种情况,他们的衣服通常都是别人买给他们的——许多年长的孩子可能也是如此。但是,许多成年人的衣服也是(别人)给他们买的。例如,零售商的报告显示,大多数男士服装仍然是由女性(帮他们)购买的。当然,也有可能是许多购买这些商品的女性充当了她们男人的代理人,明确指示他们应该买什么。或者,他们可以有相当大的自由裁量权,甚至可以完全自主行事。在这种情况下,许多男人通过服装所展示的形象,可能更多的是他们的伴侣对他们身份的看法(或者说她们希望他们的身份是什么),而不是他们自己的看法。此外,还有那些作为礼物购买的衣物(在总数中所占比例不小)。在这里,我们可以说,除非穿戴者对这些物品所投射的"形象"感到满意,否则是不会穿戴这些物品的,在这种情况下,这些物品就会被扔掉、送人或者干脆留在抽屉或衣柜里。不过,即使穿戴者不愿使用自己不喜欢但又拥有的东西,但有时可能会出于其他考虑而不得不这样做。

最后,我们需要认识到意图和选择之间的重要区别。很少有人穿衣服是无意的。人们很难“偶然”穿上衣服,就像打翻茶杯或打翻花瓶一样。然而,一个人可以机械或不经意地穿上衣服,无须任何决策意识,也就是说,习惯性地穿上衣服,就像大多数人刷牙或脱衣服一样。因此,对某些人来说,在某些时候,这个过程可能不需要深思熟虑,因此也不会有意识地做出决定。也许昨天的衣服被不经意地扔在椅子上或地板上,到了早上又被捡起来,“不假思索”地穿上。或者,因为今天也是星期一,就“机械地”从衣柜里拿出来上个星期一和之前的每个星期一都穿过的衣服,又或者,更简单地说,前一天早上睡过头了,匆忙赶车时就把手边最近的东西都穿上了。当然,我们不应低估习惯的力量,而日复一日地寻找“我该穿什么”这个问题的答案的压力能够成功地逼着甚至是对服装有意识的个人去寻找易于遵循的规则。这些规则即使不会完全消除深思熟虑和有意识决策的程度,也会削弱它。[4]

同样,我们通常不会认为人们购买产品是出于偶然或无意,但我们确实认识到他们可能会冲动地购物,而冲动可以被视为对一个人选择自由的另一种形式的约束或限制,从而使人们对购买反应深思熟虑(如果不一定是选择的话)的说法产生怀疑。让我们设想一下,一个人有一种强烈的冲动,想买一件粉红色的运动服(也许他[她]一开始是想买一件黑白相间的运动服),但回家后才意识到自己“犯了一个可怕的错误”。如果他(她)后来发现这件衣服无法交换或送人,我们又能从他(她)的衣柜里找到这件衣服这一事实中推断出什么呢?甚至,在其他东西都被洗掉的无奈情况下,我们又能从他(她)穿着这件衣服做家务这一事实中推断出什么呢?

综上所述,我们有理由对购买和穿着衣物是有意识决策过程的结果这一假设持怀疑态度。然而,即使我们暂时假定个人所穿的衣服确实是此类过程的结果,也仍然存在如何理解这些过程的问题。如前所述,要想从行动所指涉的对象中推断出行动的意义,就必须援引符号意义框架或工具意义框架。理性行动和理性选择理论家(如新古典经济学家)更倾向于援引工具性框架,将选择与“功能”和“满足”联系起来,而后现代理论家则更倾向于考虑与“身份”“形象”“生活方式”等符号属性有关的因素。然而,在某些特定情况下,我们如何知道应采用哪种框架?换句话说,我们如何知道哪些因素在消费者心目中是最重要的?实际上,大多数关于消费的社会学理论都强调符号性框架而非工具性框架,强调共同的意义系统,认为它赋予消费品,尤其是服装以“意义”。然而,我们并不清楚是否有充分的理由相信,产品的符号属性必然是影响个人购买和穿戴服装决定的关键因素。

显然,消费者个人决定选择和购买某件商品而不是另一件商品(当然也包括穿着某件商品而不是另一件商品)的原因可能主要与商品的工具意义或符号意义有关,或者更有可能与两者的某种结合有关。因此,认为当代消费者在购买服装时最看重的是符号意义而不是工具意义,这在多大程度上是真实的呢?我们是否可以认为,一些工具性或实用性的考虑因素,如一件衣服是否合身、穿着是否舒适、是否容易清洗、材料是否容易起皱、是否耐磨等问题,都可以忽略不计?或者说,我们是否应该认为,这些问题即使出现,也只是在决策过程的范围内出现的,而在决策过程中,更具符号意义的风格和时尚问题才是最重要的?这里存在的明显不足是,工具性因素由于通常不为观察者所见,往往会被忽略。毕竟,我们无法通过观察一个走在街上的人,来判断他在决定购买任何可见的服装时,是否以易于清洗或舒适为首要考虑因素。另一方面,观察者很容易对所展示物品的颜色、款式或时尚性做出某种判断。因此,人们很自然地倾向于关注能看到的而不是不能看到的因素,并认为这些特点促成了购买和穿着的决定。然而,消费者的自我报告表明,实用因素在购买决策中起着非常重要的作用,常常压倒基于品位的偏好,而类似的工具性考虑常常决定了在任何特定场合的穿着。

在研究假定人们可以通过研究消费者购买和展示的商品所附带的意义来理解其行为的合理性时,有必要质疑这种行为在多大程度上是由真正的行动构成的。从根本上说,这就意味着要质疑这种行为在多大程度上源于选择的行使,或者说,如果这种行为源于选择的行使,那么在行使这种选择时所援引的标准是否主要与符号性或工具性考虑有关。然而,即使我们承认消费者行为与真正的行动相似,是经过深思熟虑、自由选择的结果,而且,即使我们承认所依据的标准主要与商品的符号性而非工具性属性有关,这仍不等同于赞同后现代的普遍论点,即这种行为构成了"身份"或"生活方式"的表达。在这方面,将消费者行为的意义视为可以从社会学家(和其他学者)越来越多地应用于消费品的社会和文化"意义"的共同储备中理解,仍然是不公正的。因为,选择本身是在什么参数下进行的,这个问题依然存在。

在这方面,人们常犯的错误是认为,由于在某种程度上可以从一个人的着装中"解读"出他的生活方式或社会身份,而服装和大多数产品一样,通常是从一系列可供选择的产品中挑选出来的,因此可以说个人是"选择"了这种生活方式或社会身份。但这一论点忽略了研究个人选择的真正参数。需要回答的问题是,这种选择是否是从重要的备选方案中做出的。换句话说,所考虑的备选方案在多大程度上真正代表了不同的"生活方式"或"身份"?毕竟,人们可能会有选择的意识(潜在的购买者可能会问自己"我应该买红色的还是蓝色的"),但这种选择并不是在具有明显不同符号意义的替代品之间进行的。我们要问的关键问题是,如果消费者个人购买了其考虑过的其他替代品,是否会向观察者传达出截然不同的信息。有人怀疑,在许多情况下,不会有这样的结果。因为现实情况是,大多数购买行为都是在极少数考虑过的替代品中进行的,而大多数理论上可以满足消费者需求的商品都没有被考虑。

从某种意义上说,这是零售市场细分的自然特征,例如商店专门为不同阶层、性别和年龄的群体提供服装。由于许多消费者对商店和品牌的忠诚度都很高,很显然,他们中的大多数人从未真正考察过理论上可供他们穿着的许多服装产品(即使排除价格差异巨大的影响,情况也是如此)。也许,在选择新西服时,消费者会自动想到用相同风格的新款式替换旧款式,并将选择问题限制在价格和颜色上,甚至可能回到以前购买衣服的那家商店,打算尽可能地重复原来的购买行为。即使消费者在购买商品时"货比三家",他们也不可能去所有的商店,因为他们有自己经常光顾的商店名单。同样,当消费者对商店内陈列的商品进行查看时,他们通常会自动将某些品牌或类型的商品排除在外,认为这些商品属于他们从不考虑购买的类别。然而,认识到在这种受限的框架内经常行使选择权的程度,必然会与以下观点相矛盾,即个人所穿的服装反映了在截然不同的替代品之间的选择,这些替代品可以等同于相互竞争的生活方式或身份。服装可能确实与特定的生活方式有关,而服装也可能是被选择的。但这并不意味着生活方式是被选择的。

事实上,有证据表明,两者的关系恰恰相反,个人的“生活方式”,或至少是他或她的自我意识,决定了对服装的选择。因为通常情况下,当消费者在考虑购买的过程中提到他们的自我形象时,这是对他们选择的一种预先给定的约束。例如,一位女士拿起一件衣服说:“这件衣服不适合我,我(个子)太小了;穿在高个子女士身上会很好看”;或者,另一位女士会说:“圆领不适合我”,或者“我不能穿黄色,它不适合我的肤色”。诸如此类的评论表明,在考虑购物时,人们往往会对“形象”做出判断。然而,与其说讨论的是与产品相关的形象,不如说是消费者自己的自我形象(或者更准确地说,是身体形象),而很少考虑尝试不同的形象。相反,消费者的自我形象或品位被当作一种约束条件,有效地限制了消费者可能考虑购买的产品范围。

从销售中的不同产品所代表的“身份”来看,个人似乎更倾向于以自己的身份感和现有的自我形象作为不考虑其中许多产品的理由,而不是从中选择一种“身份”。值得注意的是,消费者通常不会拿起一件衣服说:“哦! 这就是我想成为的我。”相反,他们似乎更愿意说:“哦! 这就是我!”换句话说,他们接触产品的目的似乎是确认已有的形象,而不是寻找新的形象。与其说消费者选择和展示商品是为了在两种身份之间做出选择,然后采用一种身份,倒不如说消费者对自身身份的认识是他们选择商品的主要制约因素。换句话说,品位和风格问题很可能是购买决策的核心问题,但所涉及的“意义”与这些品质的个性化概念有关,而不是标准化或共享的概念。[5]

人们普遍认为,消费者的行为可以从他们购买和展示的产品一般所附带的符号意义来理解,这种看法在一定程度上是可信的,因为人们认识到,一般物品在创造和维护个人的自我意识方面发挥着重要作用。然而,身份认同可能与物品有关,但并不是说物品的“意义”来自广告商、零售商或制造商所宣传的那些意义;或者说物品的“意义”取决于其使用是否为他人所见,因而与公开展示联系在一起。物品显然与创造或维持自我意识的发展息息相关(Dittmar,1992)。然而,很难说可爱的玩具或舒适的毯子对婴儿的重要性来自其商业宣传形象。同样,很难说老人之所以珍视家庭照片,是因为相册本身的符号意义(如果有的话)(Csikszentmihalyi & Rochberg-Halton,1981)。换句话说,对拥有者来说,这些物品之所以重要,是因为它们在他们的生活经历中曾经或仍然发挥着作用,而不是因为任何假定的社会共享和商业操纵的象征意义。这种现象通常被称为具有“情感”价值。然而,这些意义对其他人来说是不可见的(至少对陌生人来说是不可见的),因此,人们自然倾向于忽视它们对个人自我意识的重要意义。事实上,需要注意的是,在这些情况下,意义来源于个体所从事的行为,而这些行为并不能从对产品的了解中推导出来。以服装为例,在特定场合决定穿一件衣服而不是另一件衣服,很可能是因为其“情感”关联,而类似的考虑也会影响购买行为。

结　论

显然，人们购买的物品以及他们向他人展示的物品都具有象征意义，并且消费者对这一点的普遍认识也不无道理。这种意识甚至可能会影响消费者购买和展示消费品的决定。然而，我们不能假定大多数消费者或大多数购买行为都是如此。因为，如前所述，第一，必须证明这种行为是真正意义上的行动，是深思熟虑和选择的结果，而不是习惯、冲动或约束的结果。第二，有必要证明，即使是真正意义上的行动，所涉及的决定也与消费品的象征意义有关，而不仅仅是或甚至主要是与消费品的工具意义有关。第三，需要证明这种“意义”并非源自个人和传记，即“情感”，而是与一个共同分享的意义系统有关。第四，也是最后一点，必须证明在进行选择时要考虑到明显不同的改变，这些改变可以被认为与不同的“形象”或“生活方式”有关，而不仅仅是风格的细微变化或身体形象的问题；否则，与进行选择有关的物品的品质，即使涉及审美或“身份”问题，本质上也是个人的而非公共的。基于上述原因，社会科学家（以及其他学者）如果认为消费者行为的意义可以简单地从对其显然相关的物品或商品的意义的理解中“解读”出来，就大错特错了。

注　释

[1] 当然，评论家可以猜测艺术家的意图，但如果这些意图无从考证，也未必会阻碍意义的发掘。

[2] 直到18世纪末，穿二手衣服才被社会普遍接受（Lemire，1988），而直到20世纪初，许多人才拥有两套衣服。

[3] 当然，也有可能有些人之所以选择自己的职业，就是因为有机会穿上特定的制服。一些人在决定参军或成为空姐时，可能会受到这种考虑的影响。然而，旁观者并不知道情况是否如此。

[4] 像穿衣服这样每天重复但又涉及决策的活动，比起不那么有规律的行动，更有可能被例行化，成为习惯；这个过程很容易从穿衣服的过程延伸到选择穿戴的物品。这种倾向在儿童和老人中尤为明显。

[5] 在这方面，我们也许应该注意玛丽·道格拉斯的观点，即消费（这里指购物）实为确认“非我”而非“本我”的活动——通过排除不适宜身份、强化社会区别来实现（Douglas，1992）。

参考文献

Baudrillard, Jean (1983) *Simulations*. New York: Semiotext.

——(1988) 'Consumer Society', in Mark Poster(ed.) Jean Baudrillard: Selected Writings. Oxford: Polity Press.

Bourdieu, P. (1984) *Distinction: A Social Critique of the Judgement of Taste*, trans. R. Nice. London: Routledge & Kegan Paul.

Campbell, Colin (1987) *The Romantic Ethic and the Spirit of Modern Consumerism*. Oxford: Blackwell.

——(1992a) 'The Desire for the New: Its Nature and Social Location as Presented in Theories of Fashion and Modern Consumerism', in Roger Silverman and Eric Hirsch (eds.) *Consuming Technologies: Media and lnformation in Domestic Spaces*. London: Routledge.

——(1992b) 'In Defence of the Traditional Concept of Action in Sociology', *Journal for the Theory of Social Behaviour* 22: 1-23.

——(1994) 'Shopping. Pleasure and the Context of Desire', in Gosewijn van Beck and Cora Govers (eds.) *The Global and the Local: Consumption and European Identity*. Amsterdam: Spinhuis Press.

Csikszentmihalyi, M. and B. Rochberg-Halton (1981) *The Meaning of Things: Domestic Symbols and the Self*. Cambridge: Cambridge University Press.

Davidson, Donald (1971) 'Agency', in Robert Brinkley et al. (eds.) *Agent, Action and Reason*. Oxford: Basil Blackwell.

——(1980) *Essays on Actions and Events*. Oxford: Clarendon Press.

Davis, Fred (1992) Fashion, Culture and Identity. Chicago: University of Chicago Press.

Dittmar, Helga (1992) *The Social Psychology of Material Possessions: To Have Is to Be*. Hemel Hempstead: Harvester Wheatsheaf.

Douglas, Mary (1992) 'In Defense of Shopping', *Monograph Series Toronto Semiotic*

Circle, No. 9.

Featherstone, M. (1983) 'Consumer Culture: An Introduction', *Theory, Culture and Society* I (3): 1-20.

——(ed.) (1988) *Postmodernism*. London: Sage.

——(1991) *Consumer Culture and Postmodernism*. London: Sage.

Giddens, Anthony (1976) *New Rules of Sociological Method.* London: Hutchinson.

Jameson, Frederic (1987) 'Postmodernism and Consumer Society', in Hal Foster (ed.) *Postmodern Culture*. London: Pluto Press.

Langman, Lauren (1992) 'Neon Cages: Shopping for Subjectivity', in Rob Shields (ed.) *Lifestyle Shopping: The Subject of Consumption*. London: Routledge.

Lemire, Beverly (1988) 'Consumerism in Preindustrial and Early Industrial England: The Trade in Second-hand Clothes', *Journal of British Studies* 27: 19-26.

Lunt, Peter K. and Sonia M. Livingstone (1992) *Mass Consumption and Personal Identity.* Milton Keynes: Open University Press.

Lurie, Alison (1981) *The Language of Clothes*. New York: Random House.

Mason, R. S. (1981) *Conspicuous Consumption: A Study of Exceptional Consumer Behaviour.* Farnborough: Gower Press.

McCracken, Grant (1988) *Culture and Consumption: New Approaches to the Symbolic Character of Consumer Goods and Activities*. Bloomington: Indiana University Press.

Miller, D.(1987) *Material Culture and Mass Consumption*. New York: Basil Blackwell.

Shields, Rob (ed.) (1992) *Lifestyle Shopping: The Subject of Consumption*. London: Routledge.

Sibel, E. (1982) *Lifestyle*. New York: Academic Press.

Veblen, T. (1925) *The Theory of the Leisure Class*. London: George Allen & Unwin.

Warde, A. (1990) 'Introduction to the Sociology of Consumption', *Sociology* 24 (1): 1-4.

Wilson, Elisabeth (1985) *Adorned in Dreams*. London: Virago.

第 6 章

购物、愉悦与性别战争

结 果

当被问及对购物的总体态度时，回答者的态度不一，有的说“喜欢”，有的说“无所谓”，还有的说“讨厌”。有趣的是，只有少数人表示无所谓，大多数人都属于另外两类人中的一类。当然，“购物”并不是一种无差别的活动，一些受访者经常会修改他们的回答，表示对某一种购物活动持积极态度，而对其他购物活动则不然。这种区别对待最常见的方面包括食品与非食品的对比、经常与偶尔的对比、街角小店购物与市中心购物“旅行”的对比。此外，一些受访者还表示，他们在某些情况下对购物有好感，而在其他情况下则没有；例如，当他们有钱花、没有孩子陪伴、心情好或为自己买衣服时。这些变化显然很重要，要想全面了解什么决定人们的购物是否愉快，就必须考虑到这些变化。然而，在此我们将忽略这些变化，因为比这些变化更明显的是访谈数据中非常明显的模式，即人们对购物的积极或消极评价与性别有关。

从根本上说，结果表明，女性比男性更倾向于表达积极的购物态度，相应地，男性比女性更倾向于表达消极的购物态度。此外，女性更倾向于表达强烈的积极态度，即她们“热爱”购物，而不仅仅是“喜欢”购物。相应地，男性更倾向于表达强烈的消极态度，即“讨厌”购物，而不仅仅是“不喜欢”购物。此外，女性更倾向于对各种不同的购物方式表达积极的态度，而当男性表达积极态度时，他们更倾向于对某一特定产品的购物方式（如购买唱片、电脑或电器产品）表达积极的态度。最后，女性比男性更倾向于购物，而不是参与其他形式的休闲活动，如看电影或在餐馆用餐。

解　读

消费是一种“女性”活动吗？

这些数据清楚地证实了之前的研究，即在现代工业化的西方社会中，“购物”是一种完全“性别化”的活动（Lunt & Living stone，1992；Oakley，1976）；人们普遍认为购物与一种性别密切相关，而不是与两种性别平等地联系在一起，具体来说是购物被视为与女性角色相关，因此购物本身在某种程度上被视为一种“女性化”的活动。因此，当儿童在社会化过程中扮演自己的性别角色时，他们可能会在获得自己身份的过程中了解到，购物基本上是有助于确定女性角色的活动的一部分，尤其是家庭主妇这一独特的次级角色，而家庭主妇又被视为与妻子和母亲这一更普遍的身份复合体相关联。与此相反，成年男性的角色是从家庭以外的工作收入的角度来定义的，也就是说，是“养家糊口者”而不是“家庭主妇”，因此他们的活动与购物无关。事实上，既然有人认为，从根本上讲，现代社会中的男女二元对立不过是生产与消费之间更普遍的对比的直接关联，正如加德纳（Gardner）和谢泼德（Sheppard）所说，“传统智慧认为，男人生产而女人消费”[1989:46]，那么购物的女性性质就可以被视为这一等式的特殊实例。实际上，这种说法似乎过于笼统，因为男性和女性的概念似乎是根据适用于生产和消费领域的差异来定义的。不过，我们可以肯定的是，在两性喜欢的消费模式中，占主导地位的活动存在明显差异。因此，“喝酒”和“看体育比赛”似乎是男性更喜欢的消费方式，“购物”则似乎是女性更喜欢的消费方式。当然，有大量证据表明，购物是女性的首选活动，因为女性不仅在购物者中占多数，而且她们花在购物上的时间也比男性多，她们通常会光顾更多的零售店，购买更多的商品（Gronmo & Lavik，1988）。[1]

看来，正是这种将购物与一种性别紧密联系在一起的做法，解释了为什么我们的样本中男性对购物的热情远低于女性。如果他们认为购物是一项“女性”活动，那么他们就有充分的理由不支持这项活动，因为他们可能会认为这样做会使自己的男子气概受到质疑。这一解释得到了其他证据的支持，这些证据表明，许多男性确实认为购物是“娘娘腔”的行为。正如奥克利（Oakley）指出的，“有些丈夫不愿意去商店，（还有）一些丈夫愿意去商店，但因为害怕被贴上‘娘娘腔’的标签而不去购物”（1976:93）。我们的受访者还评论说，有些男人如果承认自己喜欢和其他男人一起购物，似乎觉得有必要在声明的同时附上某种“免责声明”。[2] 事实上，至少对某些男性来说，公开表达对这种活动的厌恶可能被视为对其男子气概的肯定。

影　响

如果我们接受购物与女性气质之间的关系如本文所述的那样密切，那么这就对我们社会中男性所面临的选择产生了某些决定性的影响。因为这表明，男性面临着一个严酷的选择：要么尽量避免购物活动，从而防止男性气质受到任何威胁；要么参与购物活动，冒着被视为“娘娘腔”的风险。第一种选择，即完全回避，似乎是我们样本中的一些男性所偏爱的选择；这一策略的可行办法是，要么专门使用邮购——其优点是可以让他人看不到自己的购物活动，要么干脆将购物活动委托给自己的伴侣。有些男性似乎不仅把所有的家庭购物活动都委托给了他们的女性伴侣，而且还把购买个人用品的所有决定权都委托给了她们。多达三分之一的女性谈到为伴侣购买衣服，而只有一两名女性提到男性为她们购买衣服作为回报，而且这些物品通常是内衣之类的礼物，而不是女性通常为男性购买的“日常”衣服。然而，对于大多数男人来说，完全回避并不是一个现实的选择，这仅仅是因为他们并不都有愿意或能够代表他们购物的伴侣，在这种情况下，他们似乎采用了另一种“保持距离”的策略，即发表一些评论，虽然这些评论表明他们确实在购物，但仍然表明他们不愿意或未完全参与购物活动。因此，男性试图与自己保持距离，他们说自己只是“在必要的时候”才会购物，而且他们会“尽量少购物”或努力“尽快结束购物”。这样一来，他们就表明自己并没有真正投入到这种“女性化”的活动中，从而试图限制这种活动可能对他们的性别认同造成的威胁。但事实是，许多男性确实光顾过商店，而且并不总是在迫不得已或明显不情愿的情况下。有些人甚至对这种活动表现出一定程度的热情。因此，显然并不是所有的男性都认为他们的这种行为会对他们的性别认同构成威胁。这又该如何解释呢？

男性和女性的购物观念

看来，男性购物而不危及其男性形象的一个重要因素，是男性购物文化中存在着一种“哲学”，或者更恰当地说，是一种“意识形态”——一种信念和态度体系，它以符合男性观念和态度的方式来界定购物活动并为之辩护，从而起到抵制其流行的和普遍的女性形象的作用。因此，男性购物者可以利用这种意识形态来区分自己的行为与“女性化”形式，从而保护自己的性别身份。换句话说，这不仅仅是对购物活动的评价存在性别差异，即女性喜欢而男性不喜欢的问题。在购物本身的定义上，似乎也存在着另一种对比，尽管这种对比并不那么明显，即男性和女性对购物活动的定义。

从工具性与表现性二分法的角度来看这种对比也许不足为奇，男性倾向于把购物看作一种纯粹以满足需求为目的的购买活动，而女性则更倾向于把购物看作一种与满足需求和欲望相关、追求快乐的活动。也就是说,男性认为只有在"需要"被确定后才会进行购物,而且他们通常认为购物活动本身没有内在价值,只是作为获取商品的手段。另一方面,尽管女性也意识到购物作为一种手段所具有的价值,但她们也倾向于认为购物活动本身具有价值,与是否购买商品无关。因此,她们并不认为购物是一种仅因出现"需要"未得到满足而具有其合理性的活动,而是认为购物本身也具有"娱乐"价值。

各自对"浏览"的不同态度,以及对时间和金钱"成本"的比较估值,最能说明这种反差。

从本质上讲,男性的购物观是:确定一个(或多个)"需要",走访合适的零售店,购买合适的商品,然后回家。正如我们的一位受访者所说,男人喜欢"去,买,然后出来"。在这一过程中,浏览或"橱窗购物"并不被视为必不可少的环节,相反,它被视为是对宝贵时间的浪费,同时对活动本身的成功几乎没有任何帮助。因此,尽管男性购物者不会声称自己对价格漠不关心,而且有些人确实非常看重特价商品,但从某种意义上说,男性的购物理念可能会导致他们更看重时间而非金钱。因此,如果"货比三家"意味着要走访许多零售店,那么,为了将整个购物时间降到最低,他们很可能会拒绝"货比三家",而选择支付更高的价格。在这一点上,男性非常类似于"便利店购物者"(Bellenger & Korgaonkar,1980),也许自相矛盾的是,男性也类似于斯通(Stone,1954)最早提出的"经济购物者"。

与此相反,女性的观点是,无论是在零售店内还是零售店之间,浏览都是购物活动的重要组成部分(关于"浏览"的讨论,见Bloch等人1989年的论述)。浏览被认为是必不可少的,这不仅因为它是获取有关各种可购商品信息的唯一途径,还因为人们认识到,只有直接接触待售商品,才能产生"欲望"体验,从而产生"想要"。然而,除此之外,女性们还谈到,无论是否购买,她们都能从购物活动中获得乐趣。例如,她们提到了"随便看看"或"漫步观赏"所带来的愉悦,这从根本上表明了一种审美和表达的愉悦。事实上,与男性相比,女性更倾向于在提到购物时,将其本身视为一种令人愉悦的休闲活动,例如,与旅游相提并论,就像她们说到购物"旅行"一样。因此,女性常常期待着去购物,而且与男性形成鲜明对比的是,她们在开始购物之旅时往往并不清楚自己打算买什么。因此,男性通常会说需要"去买某物",而女性只会说她们"要去购物"。此外,女性比男性更有可能将购物与其他愉悦的活动结合起来,如与朋友闲聊、喝咖啡或吃饭等。最后,由于购物活动有其内在的满足感,女性完全愿意投入时间和精力去"四处逛逛"——也就是直接去逛各种零售店。这是一个重要的事实,因为这意味着女性可以"免费"有效地获取有关产品和零售店的信息,而这仅仅是享受闲暇时光的副产品。与此相反,对于那些不喜欢购物的男性来说,只有付出相当大的"代价"才能获得这些信息。

对于购物态度上的这种明显性别差异,有一种观点认为,男性实际上试图将购物纳入"工作框架",而女性则将购物纳入"休闲框架"(至少就非食品购物而言)。这表明,男性由于其社会化的原因,或者由于其传统上更多地参与挣钱工作的原因,倾向于将购物视为一种属于"工作"范畴的活动,即使在他们看来,这种活动被加上了"女性的"这一形容词。因此,他们不仅不期望工作是愉快的，而且还假定评价工作的适当标准是工作领域通常采用的标准，即合理性和效率。这就导致男性倾向于强调首先明确“需求”的重要性，然后确定一个合适的零售店，通过购买来满足这种需求，最后在寻找和购买合适的商品时花费最少的精力和金钱。与此相反，女性在看待非食品购物，尤其是服装购物时，更倾向于使用休闲框架，将其本质上视为娱乐，并将其与“工作”（无论是有偿工作还是家务劳动）明确区分开来。因此，她们必然倾向于将这种活动视为一种享受，并摒弃任何纯粹的工具性或功利性的参照标准。就像所有的娱乐活动一样，她们认为适当的价值在于享受以及在合法追求快乐的过程中放纵自己的欲望。

令人好奇的是，我们可以猜测，这些对比性定义的应用是否是女性比男性更喜欢购物这一事实的结果，或者说，是否是这些对比性定义的应用本身导致女性认为购物是一种享受，而男性则不这么认为。

我们必须怀疑是这两种可能性中的后一种，女性比男性更容易从购物（尤其是买衣服）中获得乐趣，原因有两个：首先，因为女性的幻想多围绕自身形象展开（Singer，1966），因此通常更容易与服装和装饰品联系起来；其次，因为女性而非男性被社会化为具有审美技能的性别，因此女性比男性更容易对具有审美意义的商品进行鉴定和评估。

这两种意识形态的作用是使每种性别的购物风格正当化，同时贬低另一种性别的购物风格。这两种意识形态都将各自的购物方式视为“自然”，尤其是“理性”的购物方式。因此，男性意识形态不仅为男性提供了一种不损害其自身性别意识的购物方式，还为他们提供了将女性购物方式描述为“非理性”的论据，从而强化了男性对女性容易冲动和非理性行为的普遍刻板印象。以男性模式为标准，男性可以批评女性：①花在购物上的时间太长；②逛过的商店太多；③无法在不同的商品中做出决定；④在逛完多家商店后，买下最先看中的商品。实际上，正如我们的受访者所表达的那样，女性被描述为“费时费力”和普遍“过于挑剔”。

作为回应，女性也将购物概念作为一种意识形态；这种意识形态既能为她们自己的行为辩护，也能否定男性行为的正当性。然而，与男性不同的是，如果不是受到男性的批评，女性显然没有必要将自己的行为正当化。因此，她们的意识形态可以被看作一种以防御为主的意识形态。女性通常抱怨男性：①花在购物上的时间不够长；②试图只逛一两家商店；③不知道自己喜欢什么（而不是需要什么）；④往往在匆忙离开商店时看到什么就买什么；⑤对商品不了解，对价格变化不够敏感。因此，从女性的角度来看，男性与其说是“不理智”，不如说是不善于购物，因此他们的购物行为既浪费又“不经济”。从根本上说，这是因为他们不愿意货比三家，既不愿意全面了解与任何特定需求相关的商品，也不愿意在购买前对商品进行评估并确定其价格。正如我们的一位受访者所说，“男人不明白有必要货比三家，看看其他商店是否有更好的东西”，因此他们“似乎不在乎钱”。最后，女性还认为男性是“不讲究”的购物者，因为他们很难表达自己的“品位”。[4]

在这一点上,有必要提出一个警告。因为,尽管男性和女性对购物的态度明显不同,但他们的实际行为可能与他们所表达的观点和态度并不完全一致。社会科学领域有大量文献表明,言辞与行动之间通常存在鸿沟(Gilbert & Mulkay,1984;Heritage,1983),除此之外,人们也不会期望作为意识形态的信念能够准确地再现现实。事实也是如此,有证据表明,男女购物风格的反差实际上并不像言辞表达得那样明显。例如,如前所述,有一种购物方式男性比女性更喜欢,而且在这种购物方式中,男性显然是"浏览"而不是把时间限制在最短的范围内。这种购物方式很难归类,但男性受访者将其描述为"电子、电脑和物品""小玩意、电脑和电子产品""技术""任何电器"或"电器产品",而女性受访者则将其称为"自己动手购物"或"汽车购物"。也许"科技购物"是这个类别的一个合适的统称,因为这是它的主要项目,尽管它似乎也包括书籍、唱片和音像制品。一位男士用了一个令人难忘的短语来描述它:"(录像带)或类似的东西,一些你不必戴在头上的东西"。正如最后这句话所暗示的,这种男性主导的购物形式通常与服装购物形成对比,后者在很大程度上被视为女性的领域。然而,"科技购物"在男性眼中往往根本不是"购物",而是像买车甚至买房一样,被视为一种严肃的经济交易。通过这种方式仔细界定购物的构成要素,尽管男性自己也广泛参与购物活动,但他们仍然能够保持这种活动的女性化特征。

还有一种情况是,尽管女性通常会炫耀自己的购物技巧和能力,但实际上她们可能非常不喜欢购物活动的某些特征,因而试图尽量减少对购物活动的参与。在这种情况下,她们的行为更像男性,会尽量限制购物时间,减少光顾零售店的数量。食品购物最有可能出现这种情况,许多女性受访者不喜欢食品购物,认为这是家庭主妇"工作"或"工作角色"的一部分。有趣的是,尽管大多数女性确实将其视为一种"购物",但她们倾向于将其与"真正的购物"区分开来,将买日用品称为"购物"(从而表明其与"做家务"的相似性),而将买衣服称为"逛街"(从而表明其与"外出"这一愉快活动的相似性)。因此,可以说男性和女性都在根据他们更普遍的意识形态立场重新定义消费。

结　论

与普遍的女性购物观不同,男性购物观具有鲜明的男性特征,因此可以认为男性在做两件事。首先,他们提供了一种理由,使他们能够在不损害其性别身份的情况下购物。其次,他们正在阐述一种意识形态,这种意识形态旨在谴责和贬低女性在其明显占主导地位的领域中的行为。通过这种方式,男性避免了承认这一事实,即女性不仅承担了这一重要的消费任务,而且在这一过程中表现出了高超的专业技能。通过使用男性意识形态作为批判的基础,女性在这一领域的专业知识和技能实际上被打了折扣,因此,她们的行为被视为证明了

(不太讨人喜欢的)男性对女性的刻板印象,而这种刻板印象往往是男性在社会生活的其他领域所表达的。这样,女性在这一领域的主导地位和能力——否则会被视为对男性社会和文化主导地位的威胁——就被成功地"阉割"了。然而,男性认可这种意识形态的一个后果似乎是,他们必然会这样看待购物,以至于购物活动本身很少能成为快乐的源泉。[5]人们怀疑,女性购物的意识形态不仅使女性的购物方式正当化(而不是男性喜欢的购物方式),而且还使女性有理由将男性排除在购物活动之外。把男性说成是"不称职"的购物者,可以让女性认为不应该让男性参与购物活动,从而让她们自愿(有时是假装不情愿)为男性购物。因此,尽管大多数男士服装仍然由女性购买这一事实可以被简单地视为男性普遍厌恶购物的证据,但它也可以被视为女性在多大程度上"接管"了男性本来可以自己进行的活动的证据,人们怀疑这种"接管"是通过类似于"你只会把事情搞得一团糟;你最好让我来做"的论点来促成的。

平等但不同?

如果性别真的像这里所说的那样与截然不同的购物理念密切相关,那么我们不妨推测一下,当夫妻双方进行合作或"共同购物"时会发生什么。所谓"共同购物"或"共同购买",是指夫妻双方都认为有必要参与购买过程的情况,这种情况最有可能发生在夫妻双方考虑购买昂贵的耐用消费品时,如床、炊具、沙发甚至汽车等。这些购物活动似乎会带来相当大的困难,因此特别值得关注。[6]

因为,如果前面的分析是正确的,那么在这种联合购物的情况下,购物方式的冲突应该会产生相当大的压力和冲突。毕竟,显然不可能既"货比三家",检查每种在售的合适产品,又把购物时间控制在去一家商店购买合适产品所需的最短时间内。这样看来,当男女双方一起购物时,必须有人放弃自己喜欢的购物方式,而采用(或至少适应)对方喜欢的购物方式。有鉴于此,我们毫不奇怪地发现,许多男女受访者表示他们"讨厌"与伴侣一起购物,并表示他们根本不愿意与伴侣一起购物。不过,必须指出的是,总体而言,男性在这方面似乎不如女性那么通情达理。另一方面,受访者也报告了"共同购物"的情况,这表明这两种意识形态并非完全不相容。事实上,尽管男性和女性的购物意识形态似乎是相互对立的,且被各自用来使自己的行为正当化并诋毁对方的行为,但我们并不清楚它们是否一定是对立的。它们甚至可以起到互补的作用。在实践中,最明显的运作方式就是简单的劳动分工,其主要目的是减轻男性浏览的"苦差事"。例如,作为"浏览者"的妻子,可以在与丈夫一起返回商店之前,先走访多家商店,了解商品种类,然后再共同从预先确定的短名单中做出最终选择。然而,在其他情况下,可能会出现一种真正互补的分工,即每一方在选择和购买相关物品的过程中都做出了独特而又不同的贡献。因此,男性很可能被委派起草与购买相关的技术规格需求的任务；这可能涉及对零售店的访问，也可能仅仅是收集小册子或打电话，而女性则被委派做出任何“审美”决定，例如有关颜色、风格或质地的决定。这种互补的购物形式在销售时很常见。当然，这种互补并不一定意味着每一方对对方所做的贡献给予同等的尊重，但它可以为相互承认另一方首选购物方式所提供的优势奠定基础。

未来是女性的？

从后现代消费社会的流行理论来看，男性购物态度以“需要”为中心，而女性购物态度则以“想要”和“欲望”为中心，这两种态度的确定具有一些有趣的含义。因为这些理论的特点是，在“传统”或前现代的消费环境中，消费的重点是满足需要，而在现代（或后现代）模式中，消费的重点是满足需求和欲望（Campbell，1987；Featherstone，1991），因此，男性是“过时的”消费者，而女性则是现代而成熟的消费者。如果我们认为这种趋势将继续下去，越来越强调娱乐性消费，购物将被视为一种愉快的休闲活动，类似于旅游和其他“表现性”的娱乐形式（Campbell，1995），那么这可能意味着男性面临着这样的选择：要么变得越来越“女性化”（也许是按照备受瞩目的“新新人类”的思路），要么在新兴的“后现代”消费社会中被日益边缘化。

注 释

[1] 有趣的是，虽然社会学家的研究也暗示他们倾向于把购物者与女性画等号，但迄今为止，他们还没有充分探讨这种性别偏见对消费主义理论的影响。

[2] 值得注意的是，虽然“购物=女性”这一假设的主要依据似乎是购物与“家庭主妇”角色的密切联系，但还涉及其他方面。例如，男性似乎普遍认为零售店是“女性空间”，正如奥克利（Oakley，1976）所指出的，他们甚至不愿意进入零售店。许多商店通常都由女性员工管理，高雅、温馨、安静、舒适，还有背景音乐和怡人的香氛，在男性看来，这些商店从根本上具有“女性氛围”。

[3] 这种区分与其他理论模型类似，特别是贝伦格（Bellenger）和科加昂卡（Korgaonkar）在1980年提出的“娱乐型”与“便利型”/“经济型”购物者类型学。但两者并不完全相同，因为工具型/表现型二分本质上源于理论图示的分析框架模式（Parsons，1951）。关于购物中工具性与表现性二分法的使用，见布鲁斯迪尔（Brusdi）和拉维克（Lavik）1989年的论述。

[4] 在访谈记录中，有证据表明男性很难对品位做出判断。这可能是因为他们对时尚的敏感度不如女性。如果情况属实，这就解释了为什么有些男性要么试图完全避免做出审美决定，要么遵循简单(且一成不变)的规则，如“总是选择黑色”或“只买纯色毛衣”等。

[5] 在我们的样本中，男性休闲购物者的比例偏低，或因样本并不能准确反映整体人群。其中一个明显的疏忽是年轻男性，他们确实以成群结队购物而闻名——尽管通常是在唱片店或电脑店这样的场所中。也有可能是来自专业阶层的男性(在我们的样本中比例也相当低)不太可能赞同在地位较低的男性中似乎普遍存在的狭隘男子气概观念。

[6] 当然，这些购物意识形态可能与实际行为关系不大。在这种情况下，冲突可能不会在这些场合发生。事实上，有证据表明，男性的购物行为可能与他们的意识形态不符，因为他们确实在“浏览”，尽管范围有限。

参考文献

Bellenger, Danny N. and Pradeep K. Korgaonkar (1980) ‘Profiling the Recreational Shopper’, *Journal of Retailing* 56 (3): 77-92.

Bloch, Peter H., Nancy M. Ridgway, and Daniel Sherrell (1989) ‘Extending the Concept of Shopping: An Investigation of Browsing Activity’, *Journal of the Academy of Marketing Science* 17 (1): 13-21.

Brusdil, Ragnhild and Randi Lavik (1989) *Shopping Becomes More Than Buying-On the Trace of the Future Consumer.* Lysaker, Norway: National Institute for Consumer Research.

Campbell, Colin (1987) *The Romantic Ethic and the Spirit of Modern Consumerism.* Oxford: Basil Blackwell.

—— (1995) ‘The Sociology of Consumption’, in Daniel Miller (ed.) *Acknowledging Consumption: A Review of New Studies*. London: Routledge. pp. 96-126.

Featherstone, Mike (1991) *Consumer Culture and Postmodernism*. London: Sage.

Gardner, Carl and Julie Sheppard (1989) *Consuming Passion: The Rise of Retail Culture.*

London: Unwin Hyman.

Gilbert, G. Nigel and Michael Mulkay (1984) *Opening Pandora's Box: A Sociological Analysis of Scientists' Discourse*. Cambridge: Cambridge University Press.

Gronmo, Sigmund and Randi Lavik (1988) 'Shopping Behaviour and Social Interaction: An Analysis of Norwegian Time Budget Data', in Per Otnes (ed.) *The Sociology of Consumption: An Anthology*. Oslo: Solum Forlag, 101-118.

Heritage, John (1983) 'Accounts in Action', in G. Nigel Gilbert and Peter Abell (eds.) *Accounts and Action: Surrey Conference on Sociological Theory and Methods*. Aldershot: Gower, 117-131.

Lunt, Peter K. and Sonia M. Livingstone (1992) *Mass Consumption and Personal Identity*. Buckingham: Open University Press.

Oakley, A. (1976) *Housewife*. Harmondsworth: Penguin.

Parsons, Talcott (1951) 'Toward a General Theory of Action', in Talcott Parsons and Edward Shils (eds.) *Toward a General Theory of Action*. New York: Harper & Row, 209-218.

Singer, J.L. (1966) *Daydreaming*. New York: Random House.

Stone, Gregory P. (1954) 'City Shoppers and Urban Identification: Observations on the Social Psychology of City Life', *American Journal of Sociology* 60(1): 36-45.

第 7 章

消费与"需要"和"需求"的修辞学

导言:需要和需求的修辞学

值得注意的是,消费理论一般都不会对消费者获取商品的实际过程做太多阐释。相反,这些理论往往会忽略这类细节,而是勾勒出假定起作用的一般原则,如新古典经济学,或假定消费能完成的社会和心理功能。因此,鲍德里亚(Baudrillard)的新马克思主义符号消费理论(该理论强调商品的价值不在于其用途,而在于其所具有的意义,而这种意义是由商品在能指的自我指涉系统中所处的位置决定的),很少告诉我们关于消费实践的细节,而布尔迪厄(Bourdieu)则像他之前的凡勃伦一样,更关注于概述消费是如何参与创造和维持支配与服从的社会关系的,而不是概述获取的机制。[1]这一疏忽的后果是,人们对个人如何与商品互动,从而获得商品知之甚少。本文作者在其他地方[2]提出了一套关于对商品的欲望产生(和消失)方式的理论,包括概述了在销售时刻可能发生的情况,但在我们充分了解购物之前,仍有一些问题有待解决。因为,尽管了解消费者如何需要、想要或渴望商品,以及如何在承诺以不同成本获得不同程度满足的替代品中进行选择至关重要;同时了解消费品的使用和展示所能发挥的个人或社会功能,也至关重要;但所有这些仍然没有考虑到商品实际上是如何被购买的问题。也就是说,个人在销售的时刻需要做什么才能"完成"一件商品的购买。本文试图通过关注一个对购买至关重要的过程,即消费者如何使其购买行为正当化,来向这一目标迈进。显然,消费者并不是"想要"某种商品并拥有购买该商品的资金,就可以实施购买行为。还有一个因素:消费者还必须认为购买行为是"正当"的。下面这个例子可以说明这一点。

一位女士和她的朋友在百货大楼购物时,发现了一件让她欣喜若狂的衣服,她说:"哇,这件衣服真漂亮——我喜欢!”她注意到店里有适合她的尺码,而且价格“比较合理”,于是她考虑购买。就在这时,她想起自己一直在寻找的东西与她手中的这件晚礼服大相径庭,完全不像她告诉朋友她要找的“日常款”。然而,她并没有气馁,而是开始了一段小演讲,开头说:“嗯,其实我真的需要一件新的晚礼服,毕竟那件海军蓝的——你知道的——露肩的……已经不太合身了……”,等等。[3]现在,很明显,这些评论虽然表面上是对她的朋友说的,但实际上是自言自语,是一种修辞手法,目的是说服她自己,她购买这件衣服的理由是可以接受的。在这个案例中,情况就是这样,这位女士在自己的心中确信,自己购买这件衣服是合理的,于是付了钱,把衣服带回了家。

这个例子说明,消费修辞在促进购买方面起着至关重要的作用。显然,我们无法确定,如果没有这样的修辞,这件衣服就不会被买走。但可以肯定的是,购物者确实需要这样一种修辞。现在,尽管人们(包括社会学家)倾向于认为,那些希望使自我追求行为正当化的个人所面临的问题仅仅是如何调整他们的道德和伦理语言以满足他们的欲望,但事情并非如此简单。因为,正如昆廷·斯金纳(Quentin Skinner)所指出的,“这在一定程度上(也)是一个调整其项目以适应现有规范语言的问题”。[4]因此,我们可以认为,需要修辞的存在是促成有关购买的一个关键因素。

我们没有理由认为上述例子是个例外,相反,大多数消费行为(不仅仅是购买行为)都是通过附带的修辞来促成的。诚然,这种修辞并不总是像上述例子那样被大声地表达出来。显然,如果消费者是独自一人,这种情况就不太可能发生(但也不是没有发生过);在这种情况下,这种修辞很可能是潜意识的——或者是有意识的,或者是下意识的。不过,在许多日常消费行为中,这种情况也不太可能发生,即使在这种情况下,如果消费者觉得有必要使用修辞,我们仍然可以假设修辞就在身边。C.赖特·米尔斯指出,这种修辞或“动机词汇”在促进社会行动和互动方面起着至关重要的作用,他将其描述为“当存在正当性和解释性问题时,人们要求的行动理由”,[5]就像昆廷·斯金纳所说,除非有这种适当的“词汇”,否则人们就不会采取行动。[6]

通过对购物者的焦点小组进行研究表明,在日常消费实践中明显存在着两种这样的修辞或话语,[7]即“需要的修辞”和“需求的修辞”。前者可以通过使用“需要”一词本身以及“要求”“必需品”“缺乏”和“匮乏”等同义词和相关术语来识别。同时,这个话语中还包括相关的反义词,如“舒适”“轻松”“满意”或“实用”。相比之下,需求的话语和修辞除了“需求”一词本身之外,还包括“欲望”“幻想”“爱”“吸引”和“喜欢”等词语和短语,而与此相关的反义词则涉及“无聊”和“冷漠”。这些修辞中还包括与“品位”概念相关的词语和短语,也被认为支配着我们好恶的能力。

虽然在日常交谈中,人们经常交替使用这两种话语中的词汇,把“需要”和“需求”换来换去,好像它们是同义词一样,但这并不能否定上述论点,因为研究表明,消费者能清楚地知道这两者之间的区别。[8]换句话说,虽然在某些对话语境中,语言的使用相对随意和不精确,但仔细分析人们在实际消费语境，尤其是在销售现场或讨论实际/潜在购买时的用语表明，消费者不仅意识到了这两种话语之间的重要区别，而且他们为了实现消费目标，实际上也在不同程度上使用了这两种话语。正因为如此，我们在这里不仅将它们称为话语，还将它们称为修辞。

两者之间的差异主要在于满足与愉悦之间的区别。满足涉及一种既定的存在状态，表明在受到干扰之后采取了恢复原有平衡的行动。因此，需要的状态指的是一种匮乏状态，即缺乏维持特定生存条件所必需的东西；在这方面，需要驱动的消费本质上是替代消费。相比之下，“愉悦”（pleasure）与其说是一种存在状态，不如说是一种体验特质。它并不完全是一种感觉，而是对一种感觉模式的有力判断，而“欲望”则是指体验这种感觉模式的动机倾向。因此，这两种世界观是截然不同的，而且经常起冲突。

例如，物品具有实用性，因而有能力提供满足感。因此，需要可以通过实物来满足。食物可以解决饥饿，衣服可以保暖，房屋可以遮风挡雨等。而另一方面，愉悦并不是任何物品的固有属性，而是个人在遇到某些刺激时产生的一种反应。事实上，愉悦并不是刺激的真正属性。并不是说有些刺激令人愉悦，有些刺激令人不悦，而是说愉悦是对刺激的一种判断。因此，举例来说，某种声音是令人愉悦还是令人不悦，取决于个人的“品位”，也就是个人的判断特征。因此，寻找满足，即着手满足需要，就是接触真实的物品，以发现它们的实用程度和种类，而寻找愉悦则是让自己接触某些刺激，希望它们能引发自己内心所欲望的反应。这意味着，这两种取向往往相互排斥，因为它们都要求将注意力集中在环境的不同方面。[9]

正是这种本质上的“客观”标准与“主观”标准之间的对比，使我们有可能在说话者选词随意的情况下确定他们使用的是哪种修辞。因为如果所说的确实是一种需要而不是一种需求，那么其他人就可以评估其真实性。反之，如果不是真正的需要，而只是一种需求，那么除了“需求者”之外，其他人都无法判断这个人是否真的渴望得到有关物品。这就是说，总是要有其他人，通常是专家，来帮助评估个人的需求；事实上，个人很可能无法确定自身需求（如病人“需要”的医疗的性质），而没有人，不管是不是专家，能够评估个人渴望的东西的性质。[10]

两种修辞的起源和位置

这两种修辞不仅出现在消费的日常话语中；也出现在对这一话题的更广泛的讨论中，包括严肃的学术和知识的话语。在这方面，每种修辞都与根本不同的哲学观点和思想传统有关，并最终源于这些哲学观点和思想传统。第一种是需要修辞，主要是受清教徒的启发和实用主义传统，这种修辞赞同以需要为基础的行为，但谴责被视为以需求为基础的行动。相比之下，第二种修辞，即需求或欲望的修辞，则主要受浪漫主义启发（尽管其起源要比浪漫主义运动更早),在赞美欲望或需求的同时,也同样蔑视基于需要的行为。因此,这两种话语相互对峙,作为其主要载体的社会阶层也是如此。当然,主要是资产阶级或中产阶级拥护需要哲学,将舒适置于愉悦之上,而快乐哲学——主要在波西米亚或以青年为中心的反文化运动中得到体现——则将愉悦置于舒适之上。[11]由此可见,尽管这两种修辞以及支持它们的话语在当代社会都已制度化,但传统上它们并没有得到同等程度的社会认可。相反,需要修辞的正当性更高。

清教徒对我们文化中这种明显的价值偏见负有主要责任。虽然清教徒在传统上被认为是不折不扣的"世俗"敌视者,但事实上,他们并没有谴责一切形式的消费;因为他们认为以满足需要为目的的消费是正当的。他们强烈谴责的是任何超出满足这些需要所必要的开支。[12]换言之,他们反对的是欲望消费。他们对所有可能被认为属于这一范畴的活动的抨击是如此有力和持久,以至于现代文化仍然带有他们讨伐"奢侈"和"过剩"的印记。[13]

就有关消费的学术和知识的讨论而言,这一点显而易见。因为在大多数讨论中,消费要么被视为满足"真正的"需求的问题(有时被称为"基本供应"),因而是一种正当的活动,要么被视为非必要(即"奢侈品")的商品和服务的需求及欲望满足的问题。在这种情况下,消费通常被视为一种由道德上可疑的动机促成的肤浅的活动。在讨论消费问题时,很少有人能不表现出这种明显的价值偏见。

但是,对消费本身也存在明显的偏见。因为不只是在经济学中,生产比消费更受重视(即使消费在理论上是所有生产的目的和宗旨)。一般来说,在知识界,即使是出于需要的消费,也往往被视为与琐碎和肤浅有关,因而与"真正的"、重要的活动和事务(如盛行于工作、宗教或政治领域的活动和事务)形成鲜明对比。此外,参与这些非严肃活动,尤其是认真对待这些活动的倾向,被认为是出于可疑和令人怀疑的动机。换句话说,人们认为,没有人会出于高尚或崇高的动机去参与这些可疑的活动。因此,这被视为人类最恶劣动机(如骄傲、贪婪或嫉妒)占上风的活动领域。这些判断不仅体现在关于消费的知识性讨论中,也体现在流行的消费理论中。事实上,它们是几乎所有此类理论的核心,因此,任何使用这些理论的人都倾向于将这些道德判断引入自己的论述中。[14]

消费与社会理论中的"需要"与"需求"话语

值得注意的是,关于消费的学术讨论倾向于使用围绕需要和需求区分的理论。例如,在历史背景下讨论消费时,经常会遇到这样的情况,即需要的消费及其修辞是传统社会的特征,而需求(或欲望)修辞则是现代社会的特征,即工业化社会的特征。[15]其基本理由是,"传统”社会在很大程度上是一成不变的(或至少生活在其中的人们认为其是一成不变的)。在这样的社会中,“现有的”和“过去的”具有合法性,而“可能出现的”则更容易引起人们的恐惧而非欲望。既然生活模式是固定的,那么消费模式也是固定的,其结果是,一些人的消费增长被视为对所有人满足感的威胁。[16]这意味着购买新物品是购买“新鲜”物品,而不是不同或新奇的物品。换句话说,在这种社会中,合理消费本质上是替代消费,购买的物品与破旧、遗失、损坏或毁坏的物品相似。因此,需要修辞占主导地位。相比之下,现代社会的特点是强调需求或欲望消费,因为在这种情况下,社会成员的期望不断变化,因此,“可能是什么”比“现在是什么”或“过去是什么”更具有正当性。合理的消费绝不仅限于替代问题,它在很大程度上是一种受人追捧的消费。因此,对改变的期望与改善个人生活机会的努力的合理性相关联。正是这种追求“进步”的努力与追求幸福的中心思想联系在一起,成为现代社会的特征,也是“需求”修辞受到重视的原因。

这种从需要到需求的发展顺序还有一个生物学和精神分析的版本,它影响的是个人而不是社会。这种模式在马斯洛(Maslow)的“需求层次”理论中表现得淋漓尽致。[17]马斯洛提出,人类的欲望是与生俱来的,并以递增的等级形式存在。基本的生理需求——食物、睡眠、保护等——必须首先得到满足。然后是对安全和保障的需求,导致对秩序和结构的需求。一旦这些需求得到满足,第三个层次的爱和归属需求就变得非常重要;第四个层次的需求与自尊有关;而第五个也是最后一个层次的需求则与“自我实现”有关。虽然马斯洛没有使用“需求”一词,但很明显,他的层次结构与“需要—需求”的划分结构相同,其含义也类似,即人类的某些目标比其他目标更“基本”。他的假设是,最迫切和最基本的“需求”需要优先满足(如食物和住所);然而,当这些需求得到满足后,不那么重要的需求——那些更类似于想要和欲望的需求——就会取而代之。

最后,这种等级制度还有一个社会学版本,即需求和欲望的满足同样取决于需要的先期满足。在这种情况下,那些完全忙于满足自己的需求,既没有时间也没有资金来满足需求和欲望的人被划分为不同的社会阶层,“奢侈”或“休闲阶层”处于这个社会等级的顶峰。索尔斯坦·凡勃伦是这一观点最著名的代表人物。[18]根据这一模式,社会流动性本身就表现为人们在社会阶层体系中不断上升,从满足需要到满足欲望的转变。然而,当这一社会学模式被加入到历史论题中时,个人的消费模式就不再需要通过社会系统的上升来改变了。相反,随着整个社会富裕程度的提高,下层社会的人们有能力购买以前只有富人才能买得起的奢侈品,现代性就会降临到他们身上。这一过程通常被称为“自上而下”(trickle down)效应,或“富裕升级”(affluence escalator)。[19]无论哪种说法,都描述了一个过程,通过这一过程,昨天的奢侈品变成了今天的必需品,或者说,需求变成了需要。[20]

学术讨论中的“需要”和“需求”修辞

可以看出，需要和需求之间的对比，以及与之相关的将产品划分为必需品和奢侈品，在几乎所有的消费理论中都占有重要地位。然而，尽管确定“需要”与“需求”之间区别的确切性质一直是哲学家和社会理论家所关注的问题，但为这一区别提供可靠的本体论基础的尝试却并不成功。[21]19世纪和20世纪初的思想家们，如亚当·斯密、卡尔·马克思、索尔斯坦·凡勃伦和沃纳·桑巴特，虽然观点不同，但都曾关注过这一问题。他们倾向于关注的问题是，是否可以说人类有任何基本或普遍的需要，如果有，这些需要是什么。如果这些需要可以确定，那么任何“虚幻”的需要也可以确定——缺乏普遍人性基础的需要实际上不过是“虚假的需求”。

这个问题仍然困扰着当代社会理论家，在肯尼思·加尔布雷思(Kenneth Galbraith)[22]和赫伯特·马尔库塞(Herbert Marcuse)[23]对现代社会进行的截然不同的分析中，以及最近在普雷特塞尔(Preteceille)和特雷尔(Terrail)的新马克思主义论述中，[24]这个问题显得尤为突出，而在有关现代消费社会的讨论中，不难发现“虚假”需要或需求的提法。[25]肯尼思·加尔布雷思是关注这一问题的一位重要学者，他对当代消费社会的分析与上述历史论题相似。不过，也许是由于他的经济学家身份，他自始至终使用的都是“需求”而不是“需要”。尽管如此，需要与需求的划分仍是他论述的核心；只是他将需要称为“迫切的需求”。

加尔布雷思认为，现代或“富足”社会的经济特征是以满足需求而非满足需要为导向。事实上，这正是他的理论核心，他认为人们花钱是为了追求需求，而不是满足需要。他写道：“人们的需求可以通过广告来合成，通过销售技巧来催化，通过说服者的谨慎操作来塑造，这表明人们的需求并不十分迫切。饥饿的人不需要别人告诉他需要食物。”[26]换句话说，在当代消费社会中，人们努力满足的需求不可能是真正的需要(或者用加尔布雷思的术语来说是“迫切的需求”)。从这一论点可以看出，加尔布雷思与前面提到的许多学者一样，认为人们可以确定“自主决定的需求”，即“自然”或“普遍”的需求(即需要)，这些需求不是广告和推销的产物。加尔布雷思使用凯恩斯的“第二类需要”一词来指后者“创造”出来的需求，其中许多需求与凡勃伦式的效仿奋斗所产生的需求相同。[27]

在这方面，加尔布雷思作品中关于“需要”的整个修辞或话语都源于对人类共性的假设，即人类具有某些普遍、固定和不变的需要(或用加尔布雷思的术语来说，“需求”)。当然，这也是古典经济学思想通常的假设。在古典经济学思想中，驱使消费者采取行动的需要/需求具有不容置疑、理所当然的地位。从这个角度看，消费者的需求是预先设定好的，当适当的商品出现时(假设消费者有购买这些商品的资金)，消费者的需求就会明显地表现出来。因此，没有必要主动说服消费者“需求”产品。

假设存在这种需求，就会反过来假设存在另一种需求，即不是“普遍的”“迫切的”或“独立存在的”需求，而是由社会自身创造的需求。这里的假定是，“需求”不是来自消费者内在的任何力量，而是通过广告和推销机构有意制造出来的。加尔布雷思假定这些需求是“非急需的”，因此在某种程度上并不是真正“想要的”，他指出：“如果必须花费如此之多才能迫使消费者产生需求感，那么一种新早餐谷物或洗涤剂真的被如此渴求吗？”[28]

然而，像加尔布雷思这样试图明确人类的“基本”或“既定”需求的做法并不令人信服，而且看起来很像是用一种变相的方式在表达对社会经济发展的道德否定。因为需要的概念不可避免地具有相对性和主观性，个人的“需要”仅仅是他们维持现有生活方式所需的一切。此外，这种尝试没有考虑到需要本身在多大程度上是个人所在的社会和文化的产物。即使是马斯洛提出的需求等级制度也是值得怀疑的，因为有证据表明，他所谓的“较高”需求，如社会地位和声望等，实际上可以取代“较低”的生理需求。[29]

需要的概念只有在与特定或既定的生活方式相关联时才有意义；维持这种生活方式所需的任何东西，实际上都是一种真实的“需要”。例如，人们每天“需要”吃多少食物，吃什么样的食物，取决于他们当前的状况和生活方式。例如，他们的工作是否需要耗费大量体力，或者他们是否生病或怀孕，这都会影响他们的“需要”。同样，人们的物质需求也会因环境而异。有些人上班“需要”一辆车，有些人则不需要；许多人工作“需要”一部电话，有些人则不需要；名人和重要政治家“需要”保镖，大多数人则不需要；等等。

需要强调的是，其中许多“需求”与喜欢、想要和欲望并无多大关系。事实上，它们可能与之产生直接冲突。例如，名人或政客可能实际上并不喜欢自己身边长期有保镖相伴。运动员，如拳击手或自行车手，可能实际上不喜欢教练要求他多吃意面。很少有人喜欢缴纳道路税或电视许可证费，但大多数人都“需要”它们。因此，通常来说，得出这样的结论似乎是合理的，正如阿格奈什·黑勒（Ágnes Heller）所言，几乎所有区分“真实”和“虚假”需求的做法都是站不住脚的，因为“所有被人类视为真实的需求都应被视为真实的”，[30]这一立场非常清楚地表明，那些坚持这种区分的人所做的本质上是一种意识形态的断言。[31]

消费中的“需要”与“需求”修辞

在关于消费的理论讨论中，无论是在经济学领域还是在更广泛的社会科学领域，都有一种倾向，即假定个人消费者不需要任何正当理由就可以利用其为数不多的资金购买商品和服务。相反，通常人们认为，需要解释的只是消费者如何分配这些资金来满足他们的需求。这样做的原因在于，购买行为被认为是由消费者意识到自身存在的需要和需求而“促成”的（如果不是真正引起的话）。然而，由于难以确定独立的需要和需求的存在（在大多数情况下,主要的证据是这些概念本身所要解释的购买行为),因此同样合理的假设是,消费者援引这些概念来解释和证明他们出于其他原因(或实际上他们无法说明的原因)而希望进行的购买行为。因为消费者和经济学家一样清楚,购买应该是出于需求和需要。从这个角度来看,这些概念对消费者来说具有重要的修辞功能,即促成购买。这不仅是为了在他人(如朋友、配偶甚至市场调研人员)要求他们解释为何购买相关产品时,能够为自己的行为辩护,更重要的是,这样他们才会认为自己的行为是合理的。

这两种修辞可通过多种方式单独或组合运用,以实现这一功能,从而促进消费。从表面上看,在传统社会中占主导地位的那种以需求为导向的直接购买似乎在这方面给消费者带来的困扰最小。特定产品已被“消耗”,现在需要更换,这似乎是一个简单的购买理由。然而,这种简单明了的购买方式也往往使购买这些产品成为消费者的一项“苦差事”,因为他们通常不喜欢这种购物方式,而更喜欢以满足欲望为目的的购物活动。因此,这里的问题更可能是动机问题,而不是理由问题。人们在准备购物时所列的清单通常都是需要的物品而不是“想要”的物品就说明了这一点。也就是说,购物者会把卫生卷纸、洗衣液、生日贺卡等物品列入购物清单,以防忘记购买。然而,他们在购物回来时也会带着清单上没有的物品。通常,这些商品都是想要的,而不是需要的。消费者很少需要记下自己想要什么,因为忘记自己渴望的东西的可能性很小。因此,消费者在处理简单的替代性需要——购物这一“苦差事”时,会通过满足一个或多个“需求”来“补偿”或“奖励”自己。

然而,表面上简单明了的“需要—购买”可能比想象的要复杂得多,因为在需要所设定的参数范围内可能会遇到需求或欲望的问题。也就是说,只打算满足“需要”的个人可能会发现自己也不得不做出“以需求为基础”的判断。因此,在打算更换损坏、遗失或仅消费过的物品(如上所述,这是典型的需要消费)而去购物时,个人可能会发现原来的物品已经没有了,虽然有各种各样的替代产品,每种产品都能够实现相同的功能,但这些产品的形状、样式和颜色都与原来的不同。因此,他们现在不得不决定,在能满足他们需要的各种产品中,哪种才是他们“想要的”。这并不是理想的典型传统消费者所遇到的困境,因为在前现代市场上,颜色、图案、样式以及大小和形状都受传统的支配,很少会出现这种变化。而在当代社会,所有物品都有其风格或时尚维度,即使是最普通的“需要”消费,也不可避免地会出现与需求相关的问题。

事实上,传统消费与现代消费之间的一个显著对比是,现代消费者实际上期望在满足其需求的同时,还能满足其欲望。对传统消费者来说,他们不习惯于提出自己的偏好和表达自己的品位,面对多种满足需求的方式会让他们感到不安和困惑,而现代消费者则期望在满足需要的同时也能满足自己的欲望。因此,对食物的需要可以通过多种方式得到满足,比如吃汉堡包、中餐或巧克力棒,并且这一系列的可能性让人们的欲望和偏好得以表达。“菜单”的发明就很好地说明了这一点。[32]在传统社会中,用餐时提供的食物有时可能很丰盛,甚至种类繁多,但都是给定的。一般来说,人们吃的就是别人给他们(提供)的食物,无论是通过经济交换获得的,如在客栈或旅店,还是由主人免费提供的。相比之下,在现代社会中,购买食物(而不是在家中自给自足)时总会附带一份菜单,这是专门为了满足消费者需要的同时,还能够满足消费者的需求而设计的。

这种在满足现有需要的基础上增加需求或欲望的过程,并不仅仅因为消费者的期望而发生。生产商和零售商鼓励这种做法,这符合他们的利益。眼镜营销方式的变化就是一个很好的例子,它说明了当代消费社会的特点。从根本上说,眼镜(即普通眼镜,与太阳镜不同)是一种“需要”购买的物品。不仅人们通常说的是“需要眼镜”,而不是“想要眼镜”,而且需要的确定也不是由消费者而是由另一个人,一个专家(验光师),来决定需求的确切性质。直到不久前,这仍是购买流程的终点。其他唯一额外的考量因素——如果眼镜不是国民保健体系所配——就是费用问题。换句话说,专家不仅要确定需要的性质,还要确定满足需要所需的产品。近期社会的发展,特别是市场力量的引入,并没有改变专家在明确需求方面的作用。改变的是这不再是决策过程的终点。因为人们现在“想要”名牌眼镜框,因此他们会花时间从琳琅满目的品牌产品中挑选他们“喜欢”的眼镜框——通常是昂贵的品牌产品。因此,在这里,一个重要的需求元素也被成功地引入了原本简单的需要型购买中。

然而,消费修辞最明显的情况可能是那些没有明显需要因素的情况,这时,纯粹的欲望或需求显然占主导地位。因为,如前文所述,需求的满足不像需要型的满足那样具有同等程度的正当性,这也是消费者最能意识到正当性问题的地方。在这种情况下,消费者基本上只有两种策略。要么,他们可以发明或“发现”一种将需求合理化的方法,使基于需求的购买行为正当化,就像本文开头提到的女性购物者购买心仪晚礼服的例子一样;要么,他们可以把这种情况重新定义为允许需求合理化。另一种可能性是将购买行为的背景说成是直接满足需求比通常情况下具有更大的正当性。例如,这可能是消费者的生日,或者她正在度假;或者某种程度的需求放纵是通过个人的成功或在工作中的努力“赢得”的;或者可能是早先牺牲了其他一些期望得到的物品、产品或体验。后一种情况的典型例子是,某人经过一段时间,积攒了购买相关物品的资金,或者,在信贷时代,越来越多的人可以声称,所涉金额是通过先前购买时的节约行为(或讨价还价)而“节省”下来的。如果有关产品明显与需要有关,那么这些策略就都没有必要了。

消费的情境化修辞:以性别为例

正如上述例子所示,这两种消费话语和修辞在日常生活中的地位各不相同,各自依附于不同的角色和制度。因此,具有明显工具理性的需要修辞在工作领域以及相关的科学、技术和医学领域最为突出,而需求修辞则更明显地依附于休闲、娱乐和消遣领域的角色和机构。

这实际上意味着，个人会根据自己所处的角色或地位，发现一种或另一种修辞更加“实用”。这一点在个人生活的周期性变化中表现得尤为明显，个人的生活周期从工作周(此时需要修辞更有可能“唾手可得”)到周末(此时需求修辞变得“唾手可得”)(当然，也可以从工作周到度假周)。然而，这两种修辞在当代社会中还有另一种惯性的方式，那就是性别角色的结构化。

研究证据有力地表明，在消费背景下，尤其是在购物方面，男女性对这两种修辞的依附和使用是不同的。[33]一般来说，男性更倾向于将购物视为与满足需要有关的购买驱动型活动，而女性则更倾向于将购物视为与满足需求或欲望有关的追求快乐的活动。

当然，这并不是说男性对满足自己的需求没有兴趣。相反，首先，许多男人认为能满足其需求的主要场所在别处(如在酒吧、足球场或高尔夫球场)，其次，他们认为购物活动本身并不能提供很多满足欲望的机会。也就是说，一方面，男性认为只有在“需要”被确定的情况下才进行购物，而且他们通常认为购物活动本身没有内在价值，纯粹是为了获得商品。另一方面，女性虽然也意识到购物作为一种手段所具有的价值，但她们倾向于认为购物活动本身具有价值，与是否购买商品无关。因此，她们并不认为购物是一种仅因“需要”未得到满足而进行的活动，而是认为购物本身也具有娱乐价值。

换句话说，这不仅仅是对购物活动的评价存在性别差异，即女性喜欢购物，而男性不喜欢购物的问题。购物本身的定义方式似乎也存在着另一种对比，尽管这种对比并不那么明显，但购物活动的内涵却有男性和女性两种版本。男性的观点使用了需要修辞，强调首先要明确界定“需要”，然后找到合适的零售点，通过购买来满足这种需要，最后在寻找和购买合适的商品时花费最少的精力和金钱。与此相反，女性在看待非食品购物，尤其是服装购物时，往往采用休闲或欲望框架，将其视为基本的娱乐活动。因此，她们倾向于将购物活动视为一种享受，而拒绝任何纯粹工具性或实用性的参照系。与所有娱乐活动一样，她们认为在追求快乐的过程中放纵自己的欲望是合理的。

在焦点小组的讨论中，两种修辞手法的不同应用往往可以解释为什么男女在这项活动中会有相互误解和批评的现象，而这种误解和批评正是男女对对方看法的一个显著特点。

因此，女性通常抱怨男性：①花在这项活动上的时间不够长；②尽可能地少去零售店；③不知道自己喜欢什么(而不是需要什么)；④往往会购买他们看到的第一件符合需要的商品，而忽略了需求的方面。有趣的是，这种批评在很大程度上源于这样一种认识，即男性并不善于识别他们“喜欢”什么，实际上，他们并不善于对那些具有明显风格或时尚特征的商品提出需求。反过来，男性往往很难理解女性在做出“需求”或欲望判断时在做什么，因此认为她们在这一过程中“花了太多时间”。这是因为他们认为，如果找到了满足特定需要的物品，那么就没有理由再推迟购买了。

食品购物与非食品购物

两种修辞的不同情况也适用于购物这一单一的消费活动类别，而购物本身又被更普遍的“工作—休闲”区分开来。对男性和女性而言，购物类型的主要区别往往是食品购物和通常所说的“购物旅行”。前者的典型特征是经常性的本地购物，而后者的购物频率较低，通常需要前往市中心或大型购物中心，因为那里有更多更大的零售店。

前者通常被视为“工作”的一部分(即使是无偿的)，因为它被视为家庭主妇角色的一部分。因此，它既是一种“需要”从事的活动，也是一种涉及购买物品的活动，而这些物品本身在很大程度上是“需要的”而不是“想要的”。与此相反，另一类购物——不容易被贴上标签，但最常被描述为“服装购物”——由于它不仅发生的频率较低，而且发生的零售地点也不同于普通的杂货店，因此一般被置于休闲而非工作的环境中。这一点可以从常用的术语中看出来：“一天的购物”或“在城里的一天”，或者(很明显)“外出的一天”等短语都表明了这种关联，“逛商店”或“在商店里转转”等短语也是如此，这两种说法都明显含有愉悦的“旅行”或“游览”的含义。

最后，还必须指出的是，需要和需求修辞不仅是在特定角色和地位中的情景定位，而且通常“附着”于商品和服务本身，以“帮助”消费者完成使其购买正当化的任务。例如，广告商通常认为他们的角色是为消费者提供购买其所推销产品的充分理由，这一目的可能等同于消费者需要使他或她的购买正当化。因此，广告文案可能实际上就包含了这类合理化说辞，如吉百列牛奶巧克力的广告语“来吧，奖励自己一块CDM吧，你值得拥有！”同样，产品的设计和包装也可以帮助消费者找到适当的购买理由。

结 论

本文试图勾勒出需要和需求这两种话语和修辞在实际消费实践以及更广泛的消费讨论中的一些体现方式。正如本文所论证的那样，这两种话语在所有消费理论中都扮演着核心角色，而这两种话语之间的对比则是对大多数关于现代消费社会的出现和特征的解释的核心。然而，如前所述，这两种论述在这些理论中的地位并不平等，在道德上存在着强烈的偏向于需要话语的倾向。因此，这些理论并不仅是为了解释消费现象；它们还发挥着修辞学的作用，构建了有关这一主题的道德和思想辩论。毫不奇怪，在这些话语的日常使用中也能发现类似的道德偏见，它们的作用不仅是指导和控制消费行为，而且还为消费者提供了必要的理由，使他们能够真正完成购买商品和服务的行为。为了使消费者能够以这种方式使用商品和服务，修辞学被附加在角色和地位以及商品本身之上。然而，这两种话语并不是在任何时候都能平等使用的，因为它们所处的位置不同，尤其是在性别方面。

注 释

[1] Jean Baudrillard, *The Mirror of Production* (Telos Press, 1975); Pierre Bourdieu, *Distinction: A Social Critique of the Judgement of Taste* (Routledge & Kegan Paul, 1984); Thorstein Veblen, *The Theory of the Leisure Class* (George Allen & Unwin, 1925).

[2] Colin Campbell, *The Romantic Ethic and the Spirit of Modern Consumerism* (Basil Blackwell,1987).

[3] 本例摘自与购物者的访谈记录；见下文注释7。原文中强调了“需要”一词。

[4] Quentin Skinner, *The Foundation of Modern Political Thought, Vol. 1, The Renaissance* (Cambridge University Press, 1978, p. Ⅻ).

[5] C. Wright Mills, “Situated Actions and Vocabularies of Motive”, *American Sociological Review*, no. 5(1940): 904–913, at p. 906.

[6] Quentin Skinner，同前。

[7] 数据是通过1991年10月至1992年5月期间，在英国利兹一家市场调研机构的办公场所内，对来自A、B、C1、C2和D社会经济群体的48名25岁至45岁的男性和女性进行了焦点小组访谈而获得的。此外，其中一些材料来自帕西·福尔克(Pasi Falk)提供的访谈记录，他在赫尔辛基开展了一项关于购物者态度的平行研究。

[8] 另见 Colin Campbell, ‘Shopping, Pleasure and the Sex War’, in Pasi Falk and Colin Campbell (eds.) *The Shopping Experience* (Sage, 1992)；以及 Colin Campbell, ‘Shopping, Pleasure and the Context of Desire’, 载于 Gosewijn van Beek 和 Cora Govers（编）*Creative Consumption* (Spinhuis Press, 1998)。

[9] 关于这一对比的更全面讨论，见 Colin Campbell(1987)，同前。

[10] 当然，个人可以了解他人品位的本质，从而对其好恶做出有根据的猜测（见 Jukka Gronow, *The Sociology of Taste*, 1997）。然而，与品位相比，欲望具有明显的微妙性和不稳定性，因此即使是熟悉“需求者”的人也很难对他人的需求做出评估，这正是为他人购买礼物如此困难的原因之一。给别人买他们需要的东西相对容易，而给他们

买他们想要的东西则要困难得多。

[11] 见 Colin Campbell,“Consuming Goods and the Good of Consumption”, *Critical Review*, no. 8(1994): 503–520。

[12] M.Weber, *The Protestant Ethic and the Spirit of Capitalism* (Scribner's, 1958).

[13] 关于当代对奢侈品态度的历史基础的进一步讨论，见 Christopher J. Berry, *The Idea of Luxury: A Conceptual and Historical Investigation* (Cambridge University Press, 1993); and John Sekora, *Luxury: The Concept in Western Thought, Eden to Smollet* (John Hopkins University Press, 1985)。

[14] 最早的功利主义者，尤其是边沁（Bentham），最初试图将欲望——以追求快乐的形式——与需求的满足一并纳入“功利”这一共同标题之下；见杰里米·边沁（Jeremy Bentham），*An Introduction to the Principles of Morals and Legislation*，载于杰里米·边沁（Jeremy Bentham）和约翰·斯图尔特·密尔（John Stuart Mill），*The Utilitarians*（1823年版）（Doubleday, Dolphin Books, 1961）。然而，随着这一思想传统的发展，快乐的概念越来越被搁置，功利也越来越等同于需要的满足。最终，快乐与“奢侈”联系在了一起，其结果是需要与需求本身形成了对比。

[15] 另见 Campbell (1987)，同前；Neil McKendrick, J. Brewer and J. H. Plumb, *The Birth of a Consumer Society* (Europa, 1982); John Brewer and Roy Porter (eds.), *Consumption and the World of Goods* (Routledge, 1993)。

[16] George M. Foster, 'Peasant Society and the Image of Limited Good', *American Anthropologist*, no. 67(1965): 293–315.

[17] Abraham Maslow, *Motivation and Personality* (Basic Books, 1970).

[18] Veblen, 同前。

[19] 见 Fred Davis, *Fashion, Culture and Identity* (University of Chicago Press, 1992); Ben Fine 和 Ellen Leopold, 'Consumerism and the Industrial Revolution', *Social History*, no. 15(1990): 151–179; 对“自上而下”渗透理论的批判，见 Charles W. King Fashion Adoption: A Rebuttal to the 'Trickledown' Theory, in Stephan A. Greyser (ed.) *Toward Scientific Marketing* (American Marketing Association, 1963)。

[20] 这也被称为“期望值上升的革命”，发生在经历现代化和发展的社会中；见 Daniel Lerner, *The Passing of Traditional Society: Modernizing the Middle East* (Free Press, 1958)。

[21] 关于这些问题的讨论，见 Garrett Thomson, *Needs* (Routledge & Kegan Paul, 1987)。

[22] J. Kenneth Galbraith, *The Affluent Society* (New American Library, 1984). 23.

[23] Herbert Marcuse, *One-Dimensional Man* (Beacon Press, 1964).

[24] E. Preteceille和J. Terrail, *Capitalism, Consumption and Needs* (Basil Blackwell, 1985).

[25] 见M. Featherstone, 'The Body in Consumer Culture', *Theory, Culture and Society*, no. 1 (1991)。

[26] Galbraith,同前,第147页。

[27] 同上,第144页。

[28] 同上,第147页;加尔布雷思似乎忽略了这样一个事实,即大部分支出都是为了说服消费者购买某种特定品牌的麦片或洗涤剂,而不是另一种品牌。此外,他认为人们会"自然而然"地去满足自己的"需求",但却不得不被广告商(代表生产商和零售商)"说服"或"劝诱"去"想要"产品,这种假设也难以令人信服。相反的情况可能更接近事实,因为个人经常会因为优先考虑自己的需求而忽视自己的"需要"。因此,很多人都认识到自己"需要"减肥、戒烟、多吃水果或多做运动等,但他们却没有采取任何行动来满足这些需要。另一方面,他们却很快购买了自己"想要"的东西,包括一些根本不受商业广告和促销影响的物品,如违禁品。

[29] Herskovits提到密克罗尼西亚Ponapean人种植山药的竞争情况,以及"渴望获得巨大声望的人的家庭可能会挨饿"的观点,见Melville J. Herskovits, *Economic Anthropology: A Study in Comparative Economies* (Alfred A. Knopf, 1960), 462。

[30] 转引Per Otnes, The Sociology of Consumption: "Liberate Our Daily Lives", in Per Otnes (ed.) *The Sociology of Consumption: An Anthology* (Solum ForlagA/S, 1988), 174。

[31] 然而,相反的观点见Len Doyal和Ian Gough合著的*A Theory of Human Need* (Macmillan, 1991)。一些心理学家认为,人类的动机完全可以从需要的角度来理解,这种观点现在已经非常值得怀疑,见Michael A. Wallach and Lise Wallach, *Psychology's Sanction for Selfishness: The Error of Egoism in Theory and Therapy* (W. H. Freeman, 1983)。

[32] Alan Beardsworth and Teresa Keil, 'Putting the Menu on the Agenda', *Sociology*, no. 24 (1990).

[33] Campbell(1997),同前。

第 8 章

"我买故我在"：现代消费主义的形而上学基础

导 言

我敢大胆猜测，形而上学并不是一个大多数人会将其与消费活动联系在一起的术语。事实上，这两个词更有可能被视为截然相反的两个词：一个是字典上所说的"最初的原则，特别是与存在和认识有关的原则"，另一个则是日常的、实用的和世俗的原则。那么，我怎么会认为这两者之间可能存在联系呢？这主要是因为我试图寻找一个答案：为什么消费在我们的生活中占据如此重要的位置？换句话说，为什么通常与"消费"一词相关的活动，如寻找、购买和使用满足我们需求或愿望的商品和服务，会被视为如此重要？因为对我来说，在当代社会中，除了一些明显的例外情况，大多数人正是这样看待它们的，认为它们即使不是生活的核心，也是特别重要的。这在很大程度上似乎也是不言而喻的，因为在以前的时代情况并非如此。

现在，这个问题与"我们为什么消费"不是同一个问题了。这个问题有几种广为接受的答案，包括满足需要、模仿他人、追求快乐、捍卫或维护社会地位等。然而，当我们试图理解为什么消费在人们的生活中具有如此重要的意义时，就意味着消费可能在满足促使其各个组成部分行为的具体动机或意图之外，还发挥着其他功能。换句话说，它可能具有一种维度，与人类所能提出的最深刻、最终极的问题相关联，这些问题涉及现实的本质和存在的根本目的，实际上就是"存在与认识"的问题。至少，这将是我希望在本章中——以真正的形而上学方式——进行推测的论点。

现代消费主义的本质

为了使我的论证有意义，在一开始，我得明确指出我所认为的现代消费主义的两个关键特征，也就是最明显地区别于早期、更传统形式的特征，这是很重要的。其一是情感和欲望占据了中心位置，并在一定程度上与想象力结合在一起。这个论点我已在其他地方阐述过，在此不再赘述（见 Campbell，1987）。

在此，我只想强调我的观点，即欲望和渴望的过程才是现代消费主义现象的核心。这并不是说需要问题不存在，也不是说事实上其他特征（如独特的制度和组织结构）不重要。我们只是想说，驱动这样一个社会的核心动力是消费需求，而消费需求又取决于消费者持续体验对商品和服务的欲望能力。在这方面，我们的情感状态，尤其是我们"想要""欲望"和"渴望"的能力，尤其是我们反复体验这种情感的能力，才是现代发达社会经济的实际支柱。[1]

我认为，现代消费主义的第二个特征，也是与之密切相关的一个重要特征，是其不受约束或不受限制的个人主义。显然，并非所有的消费在本质上都是个人主义；因为即使在最现代的资本主义社会中，也仍然存在着集体消费的重要因素，即由社区消费的商品和服务（如国防或治安），或由社区拥有，然后分配给个人而不是在公开市场上购买的商品和服务（如地方政府的住房）。然而，很明显，现代消费的一个显著特点是个人购买商品和服务供自己使用的程度。这也与早期的消费模式形成了鲜明的对比，在早期的消费模式中，这些商品和服务要么是由社会团体购买，要么是由代表社会团体购买，尤其是大家族或家庭、村庄或当地社区，或者是由管理机构分配给个人。更具有现代消费主义特征的是与之相关的个人主义意识形态。也就是说，这种消费模式具有非凡的价值，同时强调个人有权自行决定消费哪些商品和服务。[2]

现在，这两个特点相互支持，共同确定了现代消费主义的本质。而两者之间的关键联系在于，现代消费主义的本质主要是满足需求，而不是满足需要。这一发展的重要意义在于，虽然需要可以客观地确定，而且通常也是这样的，但需求只能主观地确定。也就是说，别人总是可以告诉你你需要什么。事实上，你可能没有资格自己评估这些需要，因此必须寻求专家的帮助才能确定这些需要，就像一个人的医疗"需要"一样。但是，除了你自己，没有人能够决定你想要什么。说到"想要"，只有"想要者"才能自称是"专家"（Campbell，1998）。因此，自然而然地，这种消费模式本质上是个人主义的，决策权完全属于自我。[3]总之，现代消费主义与感觉和情感（以欲望的形式）的关系大于与理性和深思熟虑的关系，同时，它在本质上是个人主义的，而不是集体主义的。这两个特点提供了与更广泛的文化最明显的联系，也为现代消费主义建立在形而上学假设之上的说法提供了依据。

本体论与意义探寻:由欲望定义的身份

在我最初的发言中,我注意到消费主题与形而上学问题之间似乎没有什么明显的联系。不过,有一个话题相对容易看出两者之间的联系,那就是身份认同问题。在许多关于现代消费主义的讨论中,这都是一个核心问题,人们经常强调消费对确认、巩固甚至创造身份认同的重要意义。与此同时,“我是谁”这个问题显然是人类所能提出的最根本、最基本的问题之一。

此时此刻,我敏锐地意识到,后现代思想的幽灵正徘徊在我的肩头,尽管我很想无视它的存在,但这几乎是不可能的。因此,我将轻描淡写地承认它的存在,并希望通过这种方式说服它淡出阴影。我对“后现代现象”或“后现代运动”的立场是,它应该是社会学研究的对象。我认为将这些哲学推测视为智力或学术“资源”,以及理解社会和文化世界的辅助工具的看法是错误的。在我看来,采取这种态度等同于假定占星术可以作为理解宇宙的有用指南。正如迈克·费瑟斯通(Mike Featherstone)所说,我们需要的是后现代主义社会学,而不是后现代社会学(1991:x)。遗憾的是,似乎很少有社会学家遵循这一非常明智的建议,结果许多有关当代世界的后现代猜测被频繁重复,仿佛它们确实是既定的真理。其中报道较多的是关于个人身份的消费活动。人们普遍认为,当代或“后现代”的自身是异常开放和灵活的。这就是说,人们假定,在现代消费社会中,个人通过利用多种多样、日新月异的产品,经常进行自我重塑的过程:先采用某种身份和生活方式,然后再将其抛弃,就像穿衣服一样随意。这之所以成为可能,是因为正如埃文夫妇所说,“现今没有……规则,只有选择”。因此,“每个人都可以成为任何人”(Ewen & Ewen,1982:249-251)。与此同时,人们普遍认为,由于利奥塔(Lyotard)所谓的“宏大叙事”不再可信,个人别无选择,只能以这种方式行事,其直接后果是个人的身份认同感不再有任何牢固的文化依托。因此,我们经常会遇到这样一种观点,即消费者的活动既应被理解为对假定的“身份危机”的回应,也应被理解为实际上只会加剧这种危机的活动。[4]

我完全同意这样的说法,即个人的身份意识不再像以前那样,由其所属的特定阶级或身份地位群体明确决定(Bocock & Thompson,1992:149)。我也承认,消费是个人确定(如果不是创造)其身份的核心过程。但我要反驳的是,当代社会中的个人没有统一或固定的自我概念(Hollinger,1994:113-114)。我认为,消费非但没有加剧“身份危机”,反而是个人解决这一问题的常见途径。

报纸和杂志上的“征友启事”栏目是非常吸引人的,可能你和我一样,会被它们所揭示的人类同胞的情况所吸引。在报纸或杂志的这个版面上,人们刊登广告寻找“伴侣”,有的人只是为了短期的友谊和娱乐,有的人则是为了建立长期的(即使不一定是永久的)关系。为了吸引合适的人，个人会在广告中描述自己（通常也会描述他们正在寻找的人）。现在，他们通常只有几行字的篇幅来描述自己，因此他们显然需要仔细斟酌该说些什么。大多数人想要做的是，清晰准确地展现自我认知的形象——即使在这个过程中，他们也倾向于传达一些美化的形象。那么，当人们只能在有限的空间内描述自己时，通常会说些什么呢？他们会这样说："爱猫的波西米亚风人，46岁（看起来像27岁），身无分文，一直在工作，喜欢红酒、健身、普拉切特、托尔金和《红矮星号》"；或者"50后户外女性，喜欢乡村漫步、爵士舞和泰特现代美术馆。寻找志同道合的伴侣"；最后一个例子是："苗条职业女性，四十不惑而活泼善思，喜欢莫比、莫扎特、艺术和观看体育比赛，觅志同道合男士"。[5]

现在，我觉得这些启事特别有趣的地方在于，当事人似乎是在确定自己的身份，也就是说，他们几乎完全是根据自己的品位来确定自己的基本身份的。也就是说，是从他们独特的需求和欲望出发的。因为，如果我们撇开那些我们可以称为"固定的基本事实"的内容，即一个人的性别、年龄以及一些外貌、职业或阶级等方面的信息，那么这些广告所提供的内容几乎完全与一个人的品位有关。正如我举例说明的那样，最常见的具体内容是他们对音乐、文学、艺术、饮食以及业余爱好的品位。为什么会这样呢？人们为什么要集中精力从品位的角度来确定自己呢？我认为，这是因为我们觉得这些东西比其他任何东西都更清楚地表明了我们的身份，当涉及我们的"真正"身份这一关键问题时，我们实际上认为自己是由我们的欲望所决定的，或者说是由我们的喜好所决定的。

请允许我明确指出，我并不是说我们的"兴趣"或"爱好"决定了我们的身份。那些在启事中自我定位为喜欢红酒或乡村漫步的人，不太可能会找一个伴侣和他们一起参加有组织的品酒会或参加"漫步者协会"的聚会。毕竟，如果这些确实是你的爱好，那么你只需加入相关协会就能结识志趣相投的人。不，这些人所确定的与其说是他们热衷的兴趣或爱好，不如说是他们的"品位"。我也不是说我们所谓的"部落身份"已经不再重要。显然，这些身份仍然重要，尤其是在被美国人称为"9·11"的事件后。从这个意义上说，"我是谁"这个问题的答案仍然包括性别、种族、国籍、民族和宗教等基本要素。但我想说的是，这些身份标识不过是"框定"了我们认为自己是谁的参数而已。它们并没有明确指出我们身份的具体界限，只是勾勒出了大致轮廓。我们真正认为自己是什么样的人，也就是"真正的我"，取决于我们的特殊品位组合。这才是我们最有可能感受到的个人独特性——我们的个性——的真正所在。

当然，如果这一论点成立，就意味着现代消费社会所特有的大量选择对我们发现"我们是谁"至关重要。因为产品的多种多样对我们"测试自己"至关重要，因为我们不断地在寻找答案：我喜欢这个还是那个？我喜欢这种布料还是这种颜色？这首音乐或这些图片会让我开心吗？我喜欢这种体验，还是讨厌它？从这个角度来看，消费活动可以被视为发现自我的重要且必要的途径，而市场本身也成为发现我们真正身份的过程中不可或缺的一部分。

需要明确的是，我并不是说身份认同源于所消费的产品或服务，或者正如俗话说的那样，"人的身份取决于他们所购买的东西"（Ritzer et al.，2002：413）。当然，我们购买的东西说明了我们是谁。不可能不是这样。但我想说的是,我们身份的真正定位在于我们对产品的反应,而不是产品本身。因此,我并不是说,作为消费者,我们通过消费特定的商品和服务来“购买”身份。相反,我认为,我们是通过接触各种各样的产品和服务来“发现”身份的。因此通过监测我们对这些产品和服务的反应,注意到我们喜欢什么和不喜欢什么,从而“发现”我们“真正是谁”。

必须认识到,这种自我认同的构建方式是非常新颖的。事实上,从历史时间的角度来看,它才刚刚出现。我们的祖父母,甚至我们的父母都不太可能以这种方式看待自己。对他们来说,身份认同更多的是与他们在各种机构和协会中的身份和地位问题有关,家庭、职业、宗教信仰、种族、民族和国籍都比品位这种无关紧要的东西重要得多。因此,他们的自我定义倾向于强调农民、牧人、父亲、长老会教徒、天主教徒、英国人或瑞典人等身份,而不是他们对葡萄酒、文学、音乐或业余活动的品位。

如果“身份是发现出来的,而不是买来的”这种说法听起来有点过于抽象或牵强,那么请允许我引用本森关于购物的论述。她写道:

> 购物……是我们寻找自我和我们在世界上的位置的一种方式。虽然购物是在最公共的空间进行的,但它本质上是一种亲密的个人体验。购物就是品位、接触、筛选、思考和交谈无数的可能性;我们试图确定自己需要什么或渴望什么。有意识地购物不仅是像在商店里那样从外部进行搜索,而且是通过记忆和欲望从内部进行搜索。购物是一个互动的过程,在这个过程中,我们不仅与人、地点和事物对话,也与我们自身的一部分对话。这个充满活力而又富有洞察力的过程揭示并形成了自我的一部分,否则这些部分可能会一直处于休眠状态……购物行为是一种自我的表达,它让我们发现自己是谁……(Benson,2000:505)

“我买故我在”

这句话出自一本名为《我买故我在》的书,对于我刚才提出的论点而言,这句话似乎是一个恰当的口号。然而,严格地说,“我购物是为了发现我是谁”才是对我刚才提出的主张更准确的概括。相比之下,“我买故我在”显然是以笛卡尔著名的“我思故我在”为蓝本的,其含义有些不同。与其说购物活动是人们发现自己是谁的一种手段,不如说它为人们提供了存在的基本确定性。本森的这本书是关于强迫性购物的,所以书名有可能是为了表明(幽默地表明),在这种情况下,购物活动已经完全主宰了购物成瘾者的生活。从这个角度来看,它只是指那些除了购物外,生活中没有其他任何重要活动的人。不过,我认为这句口号适用于现代社会的所有消费者，无论他们是否有购物强迫症，而且与笛卡尔所关注的本体论问题完全相同。不过，在阐述这一论点之前，我需要先谈谈作为现代消费主义基础的认识论的性质。

消费主义认识论

有两句广为流传的谚语对认识论的性质具有重要的指导意义，我认为这两句谚语所隐含的形而上学假设正是现代消费主义的基础。第一句是"de gustibus non, est disputandum"，或者用英语说，"there is no disputing about tastes"（品位无争辩）。这句话最初指的是，试图通过理性论证来说服某人喜欢或不喜欢某些饮食，简直是浪费时间。不过，这句话也与我刚才提到的个人品位的自我定义在意义上产生了非常明确的共鸣。也就是说，我们的品位无疑是"我们的"，别人无法对其提出合理的质疑。第二句是"顾客永远是对的"。这句话最初之所以广为流传，是因为商店经理或店主为了使自己的零售店或连锁店获得或保持良好的服务声誉，经常向员工灌输这句格言。当然，这句话的本意并不是要从字面上理解，即作为认识论原则的陈述。我想说的是，事实上，这正是它的现状，即消费者永远是对的。事实上，我认为这两句话所包含的假设已经成为一种普遍的、在很大程度上被视为理所当然的个人主义认识论的基础，在这种认识论中，"自我"是真理的唯一权威。

越来越多的人拒绝接受传统权威和专家权威，转而支持个人为自己的愿望、欲望和偏好所主张的权威，我们可以从这一趋势中看到支持这一主张的充分证据。例如，在卫生领域这一趋势就很明显，补充疗法和替代医学迅速发展，不断侵蚀传统的医疗实践（Fuller，1989）。显然，这种发展是假定消费者比任何所谓的"专家"更能判断什么治疗最符合其利益的直接结果。另一个发生同样变化的领域是宗教。在宗教领域，以神职人员为代表的教会权威也遭到摒弃，转而支持个人选择自己的"永恒真理"；这一过程导致了人们通常所说的"灵性超市"的发展。[6]

实际上，传统"专家"的权威——即告诉你"你需要什么"的人，以及主要从制度中获得权威的人——已经被颠覆，取而代之的是"大师"或"启蒙者"，即帮助你发现你真正"想要"或"欲望"（得到什么）的人。当然，这正是我们期望在一个以满足需求取代满足需要的社会中发生的事情。因为正如前文所述，在确定需求时，顾客或消费者永远是正确的；也就是说，他们对什么是终极真理的判断总是正确的。就像没有其他人能够告诉你你想要什么一样，人们也认为没有其他人能够告诉你什么是真的。因此，我们就有了"你的真理，我的真理"这一流行的概念，以及伴随着这一口号而出现的对所有真实性主张的极端相对化。与此同时，个人发现自己的真实想法的过程始终如一，而且是以他们"知道"自己想要什么的方式为模型的。因为现在盛行一种消费主义认识论,在这种认识论中,“真理”的确立方式与“需求”的确认方式相同,即通过审视个人的内在情感状态来实现。

寻求本体论的安全

现在,我想重新回到本体论的问题上,以及前面提到的笛卡尔式的名言,即“我买故我在”。到目前为止,我已经提出,现代消费主义体现了一种个人身份以及一种独特的个人主义认识论的具体理论,或者说是以这种具体的理论为前提的。但很显然,它也包含了一种独特的本体论或现实理论,这种本体论或现实理论与前面提到的现代消费主义的显著特点在逻辑上是一致的。事实上,正如我将要暗示的那样,在当代世界,认识论不过是本体论的附属品。也就是说,前者通常被视为后者的指示器;人们更渴望体验真实,而不是了解真实。

我在前面提到,消费,尤其是购物,可以被视为个人解决个人身份“问题”的过程。也就是说,他们通过监测自己对各种产品和服务的反应来“发现自己是谁”,从而确立自己独特的品位或欲望。但是,正如后现代主义者喜欢强调的那样,当代社会中的个人可能会改变自己的品位和偏好,因为他们或追随时尚,或追求更高的地位,他们经历着“再造”自己的过程。现在看来,这似乎与“消费使人们发现自己真正是谁”的说法相悖,因为如果他们真的找到了这个问题的答案,为什么他们后来会放弃这种特定的身份而选择另一种身份呢?事实上,如果他们已经解决了个人身份的问题,为什么还要继续像以前一样热衷于寻找新的产品和服务呢?我认为,这些问题的答案可以从对现代消费主义目前所发挥的本体论功能的理解中找到。

首先要理解的关键一点是,如果个人确实改变了他们的品位或喜好模式,这并不代表其身份认同方式的改变。因为这仍然是通过欲望来确定自我的问题,是通过喜好来追溯我们的形象的问题。在这方面,身份认知内容中备受强调的多变性和易变性,与身份认知“发现”过程中所体现的连续性相比并不重要。事实上,一旦我们将关注点从个人身份的性质和内容转移到人类对自我现实的更深层次潜在的保证需求上,身份内容的变化就会变得非常容易理解。我在这里强调的消费既可以被视为一种探索自我的活动,也可以被视为对本体论的不安全感或生存焦虑的一种回应。也就是说,它可以安慰我们,让我们确信我们是真实的存在(我们确实存在)。在这方面,“我买故我在”这句口号确实应该从字面意义上来理解。

显然,为了接受这一论断的真实性,我们有必要了解我们生活的文化在多大程度上接受了“情感本体论”,并因此赋予消费以显著的意义。我所说的“情感本体论”是指,判断事物真实与否的真正标准是它能否引起我们的情感反应。体验到的反应越强烈,产生这种反应的客体或事件就越“真实”。同时,我们的反应越强烈,我们在那一刻就觉得自己越“真实”——或者说越像真实的自己。简单地说,在我们生活的文化中,真实与体验的强度是等同的,因此既赋予了强烈刺激的来源,也赋予了我们对刺激做出反应的那一面。如果我们把这一信条应用到身份和“自我”的问题上,就可以得出这样的结论:正是通过强烈的感受,人们才获得了克服生存焦虑所需的安慰,从而获得了他们确实“活着”的令人欣慰的信念。因此,尽管接触各种各样的商品和服务有助于让我们了解自己(通过让我们形成自己的品位),但这种同样的接触还能发挥更重要的作用,让我们确信自己确实是“真实的”或“活着的”。因此,虽然我渴望(或者不喜欢)的东西有助于告诉我我是谁,但我强烈渴望的事实有助于让我确信我确实存在。再次引用本森的话:“我相信,将购物重新定义为一种寻找的过程,一种远远超出传统意义上的购买或拥有的重要活动,有助于(人们)对身份和意义的追求”(Benson,2002:498)。她接着说,“有意识地购物,将购物作为一种寻找的过程,这与购买无关,而是关乎存在”(Benson,2002:502)。

当然,一个人不一定非要去购物,或者参与任何其他消费活动来寻求身份和意义;更不用说是为了获得对自身存在的现实的保证。任何能带来强烈情感反应的体验都能达到这一目的;这或许有助于解释为什么极限运动和探险如此流行,恐怖片和科幻电影会持续受到欢迎,当然还有浪漫爱情。然而,值得注意的是,购物是追求意义的理想环境。说它理想,是因为在购物活动中存在着一种自我表达的纯粹性,而这种纯粹性在其他活动中并不常见(只要我们考虑的不是日常供应或购买礼物,而是旨在满足自我需求的活动)。这种纯粹性一方面源于(购物)无须考虑他人的感受或要求,另一方面源于其所提供的刺激的数量和种类众多。

然而,回到品位和偏好的变化,以及身份认同的变化这个问题上来,这里的关键在于,通过接触那些能让自己产生情感反应的经历来获得对自身存在的“现实性”或“真实性”的保证,并不是一次性的需求。相反,它是一种需要反复满足的心理需求。然而,同样的刺激——也就是说,同样的产品和服务——不可能在我们第二次或第三次接触它们时产生与第一次同样强烈的反应。相反,随着习惯的养成,我们很可能会感到厌倦。因此,我们需要经常接触新鲜刺激,这样才能避免厌倦,满足对本体论保证的持续需求。在这方面,无聊被视为一种威胁,因为它破坏了我们的认同感(一旦无聊来临,我们就有可能失去自己是谁的感觉),从而对现实的把握也会随之动摇。我们不断需要新鲜的刺激,能让我们产生强烈反应的刺激。因此,时尚的重要性不言而喻——它是一种定期、有控制地推出“新”产品的机制——同时,消费者也会受到诱惑,定期对自己的“身份”做出重大改变。

然而,这些变化不应被视为先前确立自我“真实”或“真正”本质的尝试已经失败。相反,由于确定身份的欲望和偏好在当时是强烈体验过的,这就“证明”它是“真实”的,正如新欲望的强烈程度同样证明了新的“替代”自我的真实性。这种不同的自我可以被视为同样“真实”的事实,可以通过将个人的真实身份本质上视为“发展的”来进行调和——如果有必要进行任何调和的话。也就是说,作为个体,我们被视为处于无尽的“成为”过程中的存在,每一个新的“身份”都像蝴蝶一样,从更深层次、更真实的自我中脱颖而出,摆脱前一个身份的桎梏。

消费主义本体论

现在应该很清楚了,我认为,流溢论或观念论的本体论(实在理论)为现代消费主义提供了基础。当然,流溢论假设一直是分析消费的传统经济范式的基础,它体现在“潜在需求”的核心概念中。也就是说,这一范式必然预先假定,世界上真正的消费活动,即对产品的选择、购买和使用,应被理解为是将以前只是潜在的东西“变为现实”的过程。我过去曾批评过这一概念,指出潜在需求存在的唯一证据不仅是它们所要解释的实际行为,而且还指出,需求应被视为新兴的建构,是消费者心理“工作”的产物(Campbell,1987:43-44)。我仍然认为这些批评是有道理的。然而,这并不是否认现代消费从根本上建立在流溢论假设之上。因为,正如我已经强调过的,消费的动力是建立在个人施展一种特殊心理“技巧”的能力之上的,即在以前不存在欲望的地方产生欲望。然而,消费者要做到这一点,也就是施展“诡计”,想要得到他们以前从未想要过的东西,他们必须参与一个高度创造性的过程。实际上,他们必须凭空“臆想”出对某一对象或经历的好感。这样产生的“想要”,就成了后来非常真实的满足体验的原因(假设他们拥有必要的资金)。因此,认为消费者确实创造了他们自己的现实并不完全是天方夜谭。也就是说,他们自己有责任为自己的消费体验创造必要的条件。我认为,这实际上已经成为现代消费主义世界观的基本范式;在这种范式中,所有的现实,而不仅仅是我们消费的物品,都被视为能够以类似的方式被“臆想”出来。

这种说法似乎过于天马行空,但如果我们静下心来想一想,我们家中的许多物品究竟是如何来的,我觉得这种说法就不那么离谱了。因为我们购买的大多数(如果不是全部的话)产品,现在摆满了我们的家,如家具、书籍、CD、图片和艺术品等,它们之所以存在,只是因为在某个阶段我们“想要”它们。从这个意义上说,它们在我们世界中的存在是我们的情感状态,特别是我们的欲望的直接结果。如果我们对它们没有欲望,它们就不会成为我们日常现实的一部分。当然,我们也可以说,即使我们没有欲望,这些商品仍然会存在,因为它们很可能会留在我们最初看到它们的商店的货架上。然而,我们也可以说,这些商品最初的出现主要还是源于人们的欲望,在这种情况下,这种欲望是与许多其他人共同拥有的,正如生产者可能会说的那样,制造这些商品只是为了“满足需求”。因此,我们可以说,不仅是我们纯粹的个人财产世界应该被视为通过需求过程“臆想”出来的,而且整个现代消费经济也是建立在类似的“神奇”过程之上的。

就在我沿着这些思路进行推测的时候，也就是这种观念论和情感主义本体论在我们的社会中可能普遍存在的时候，我想到了现代“追梦族”现象。通常情况下，“追梦族”是指那些强烈渴望（或“想要”）成名和成功的年轻人，其中最常见的是流行明星。我觉得有趣的是，这些年轻人似乎相信他们的愿望如果足够强烈将足以实现目标。尽管他们成功的概率微乎其微，而且即使大多数渴望成功的人自己不知道，别人也很清楚他们缺乏这方面的天赋，但他们仍然坚持这种信念。在这方面，他们是现在普遍信念的最高典范，即任何人都可以成就任何事，只要他们的渴望足够强烈。我曾经以为，当人们发出这样的感慨时，他们是在认可这样一种信念，即成功会降临到那些渴望成功，并准备为成功付出长期、艰苦的工作或实践的人身上。但现在——与我刚才概述的论点一致——我越来越倾向于认为，当代的“追梦族”对这句话的解释实际上要比字面意思深刻得多。也就是说，他们真的相信，渴望本身就会给他们带来成功，当然，前提是这种渴望足够强烈。换句话说，这些年轻人恰恰体现了我所说的消费主义下的情感主义本体论，即强烈感情可以直接改变外部世界。

当然，认为仅凭精神或情感的努力就能改变世界的信念通常被称为“魔法”；我们大多数人可能会将其与娱乐表演和儿童聚会联系起来，或者与人类进化过程中更原始迷信的阶段联系起来。然而，这样想就会暴露出一个人与当代世界是多么的格格不入。目前，魔法不仅在儿童读物和电影世界中大放异彩，《哈利·波特》和《指环王》等奇幻史诗便是其中的佼佼者，更是在新纪元运动和新异教运动中占有重要地位，这些运动目前在西方社会中方兴未艾。[7]这些运动的代言人又是如何定义魔法的呢？它被定义为仅通过态度、思想和情感就能改变自身和环境的能力。[8]如果我们花点工夫研究一下近年来拥有众多追随者的新纪元哲学的确切性质，就会发现它包含了一种观念论和本体论。换句话说，他们认为现实本质上是观念性和精神性的，而不是物质的。因此，我们在这里发现了我所推测的本体论构成了现代消费主义的基础，而且是以一种非常明确的形式呈现的。事实上，我们可以在新纪元世界观中发现我在上文指出的消费主义形而上学的所有要素。

新纪元世界观与消费主义形而上学

当然，这提出了一个关于文化变革和当代社会性质的非常有趣的问题。消费活动的范围和普遍性是否有助于改变我们对现实的看法？如果我们所经历的世界在很大程度上是我们为了满足自己的欲望而日益塑造出来的，这是否意味着我们现在接受——即使只是隐性地接受——一种将现实视为我们愿望的产物的理论？因此，新纪元世界观可以被视为从现代消费主义的基础假设中推演出来的结果？或者，从另一方面来说，我们应该把现代消费主义理解为从一种文化发展——新纪元运动——中获得了明确的文化正当性,而新纪元运动的起源则在别处(Heelas,1993)。这些都是有关文化变革动力的引人入胜的问题。然而,这里不是探讨新纪元式世界观与现代消费主义之间关系的确切性质的地方。因此,我只想指出两者之间的相似之处。

不过,在此之前,我不妨先简要地预测一下有人会提出的反对意见,即新纪元运动是如此无足轻重——在21世纪是如此的过时,充满20世纪70年代和80年代气息——以至于它在当代社会中并不能真正发挥重要作用。现在看来,事实显然并非如此。因为事实上,新纪元的信仰和态度已经广泛渗透在我们的社会和文化中,几乎主导了生活的各个领域(如果你不相信,下次去当地书店时仔细看看书架上的书就知道了)(York,1995;Heelas,1996)。

在现代消费的形而上学和新纪元世界观之间,我们可以发现三大相似之处。其一,也是最明显的,就是罗伊·沃利斯(Roy Wallis)所说的认识论的个人主义(1984:100)。这是一种假设,即权威在于自我,在自我之外没有真正的权威。正如新纪元发言人乔治·特雷维利安爵士(Sir George Trevelyan)所说:“只接受对你自己内心真实的东西”(引自Heelas,1996:21)。正如我们所看到的,这也是现代消费意识形态的核心原则,即个人经验和个人经验本身——主要以需求和欲望形式——构成了最高权威。其二,正如我们所看到的,还有一种共同的观念论或流溢论本体论。这就是认为现实是由思想和精神而非物质构成的。其三,如上所述,它们都有一种基本的“魔法”哲学,即“外部世界”或“物质世界”通常被认为直接受制于人类思想和欲望的力量。

第二种相似之处中,即对观念论形而上学的共同信仰,为我提供了一个机会来引用那些通常被用于消费的最后一个众所周知的流行词组:“购物疗法”。根据我的经验,这个词几乎总是在幽默的语境中使用,或者至少是以一种轻松或嬉皮笑脸的方式被谈论。然而,我想再次建议,我们应该严肃地对待它,不要把它看作一个比喻或玩笑,而应把它看作一个准确而有意义的描述。因为当观念论和本体论的信念应用于个体时,就会产生这样的想法,即“真实的自我”位于人类心灵深处,只有通过“表达”或“释放”这一深层实在的过程才能被发现。自然而然,这种信念将所有的束缚或限制,无论是外界强加给个人的,还是个人自己通过过度自我控制或抑制而产生的,都视为一切虚假、不真实或有害的原因。现在,“购物疗法”一词被普遍使用,其含义不过是购物活动作为一种自我放纵的形式,可能会让我们感觉更好。不过,我想说的是,如果认真对待这个词,它实际上意味着我们应该把这种活动与参加交际小组等活动直接相提并论;也就是说,它是克服抑制或“心理障碍”、直接表达强烈感受的重要手段。显然,我的意思并不是说人们会抨击令人讨厌的店员,或拥抱善良、乐于助人的店员。我的意思是,在选择和购买我们想要的商品(而不是我们“需要”的商品)时,我们是在直接表达我们的感受,从而摆脱无益的束缚,其基本方式与在自我意识构建的治疗情境中是一样的。当然,购物确实通常(尽管显然并不总是)类似于新纪元人士所理解的治疗(Button & Bloom,1992:131-146;Heelas,1996)。也就是说,它本质上是一种通过鼓励直接的情感表达来实现治疗和“自我改造”的过程,因此确实可以被视为“解放自我”的一种手段。事实上,至少有一位新纪元作家明确指出,购物是实现这一目的的一种手段(Ray,1990:135-137)。

结　论

本章的目的是探讨现代消费现象背后的一些基本假设;寻找那些与购物等看似平凡的消费行为相关联的信念和态度中所隐含的关于认识和存在的本质的观点。我得出的结论是,在现代消费主义的基础上,确实存在着一些重要的形而上学假设,有趣的是,这些假设似乎并不局限于消费本身,而且存在于当代生活的许多其他领域。

这表明,消费活动——其隐含的流溢论与“魔法”力量信仰——已成为当代西方社会公民看待所有行为的模板。鉴于越来越多的社会领域已被“消费模式”同化,消费主义的形而上学基础演变为现代生活的默认哲学也就不足为奇。由此观之,消费在生活中的核心地位,或许暗示着与“我们皆是自私物质主义与占有欲的受害者”这一流行观点截然不同的真相。相反,它可能标志着对根本性观念论形而上学的接纳。若此论成立,则消费不应再被视为对无意义体验的绝望而徒劳的回应,而恰恰是其解决之道——消费本身能提供现代人渴求的意义与身份认同,个体主要通过此活动发现自我,并消除本体论上的不安全感。正是在此生活维度中,多数人找到了把握真实的基础,同时确立了人生目标。因此基于此诊断,我们有理由宣称:我们不仅身处消费社会、濡染消费文化,更在根本意义上归属于一种消费文明。

注　释

[1] 值得注意的是,经济学家日益认识到:我们的经济最终取决于个体的心理能力与精神状态——他们所称“消费者信心”的关键作用。然而这一简单概念远未涵盖经济对个体心理技能与思维倾向的全方位依赖,因为经济真正的基石实为我们持续制造欲求的能力。

[2] 库马尔(Kumar,1988:10)等诸多学者指出,现代性的关键特征是个体化,即“现代社会的结构单元是个人,而非农耕社会的群体或社区”。

[3] 这两大特征也可解释现代消费主义的多数典型现象,例如,时尚的重要性与商品选择的极度丰富化。

[4] 正如唐·斯莱特所言:“消费主义既利用了大众身份危机……又在这一过程中强化了

这一危机”(Slater, 1997:85)。

[5] 这些启事摘自“Soulmates”*The Observer Review*,2002年6月9日,第19页。

[6] “The Spiritual Supermarket: Religious Pluralism in the 21st Century”是INFORM和CESNUR于2001年4月在伦敦举办的一次会议的主题。

[7] 关于新纪元和新异教运动的兴起,见Michael York, *The Emerging Network: A Sociology of the New Age and NeoPagan Movements* (New York: Rowman and Littlefield, 1995); 以及Paul Heelas, *The New Age Movement: The Celebration of the Self and the Sacralization of Modernity* (London: Blackwell, 1996).

[8] 见William Bloom在Button and Bloom (1992:89)中的论述。

参考文献

Bocock, R. and K. A. Thompson (1992) *Social and Cultural Forms of Modernity*. Cambridge: Polity.

Button, J. and W. Bloom (eds.) (1992) *The Seeker's Handbook: A New Age Resource Book*. London: Aquarian/Thorsons.

Campbell, C. (1987) *The Romantic Ethic and the Spirit of Modern Consumerism*. Oxford: Blackwell.

——(1998) ‘Consumption and the Rhetorics of Need and Want’, *Journal of Design History* 11(3): 235-246.

Ewen, S. and E. Ewen (1982) *Channels of Desire*. New York: McGraw-Hill.

Featherstone, M. (1991) *Consumer Culture and Postmodernism*. London: Sage.

Fuller, R.C. (1989) *Alternative Medicine and American Religious Life*. New York: Oxford University Press.

Heelas, P. (1993) ‘The New Age in Cultural Context: The Premodern, the Modern and the Postmodern’, *Religion* 23(2): 103-116.

——(1996) *The New Age Movement: The Celebration of the Self and the Sacralization of Modernity*. London: Blackwell.

Hollinger, R. (1994) *Postmodernism and the Social Sciences*. Thousand Oaks, CA: Sage.

Kumar, K. (1988) *The Rise of the Modern West: Aspects of the Social and Political Development of the West*. Oxford: Blackwell.

Benson, A. (L. ed.) (2000) *I Shop Therefore I Am: Compulsive Buying and the Search for Self*. Northvale, NJ: Jason Aronson Inc.

Ray, S. (1990) How to Be Chic, Fabulous and Live Forever. Berkeley, CA: Celestial Arts.

Ritzer, G., D. Goodman, and W. Wiedenscroft (2002) 'Theories of Consumption', in G. Ritzer and B. Smart (eds.) *The Handbook of Social Theory*. London: Sage.

Slater. D. (1997) *Consumer Culture and Modernity*. Cambridge: Polity. 'Soulmates' (2000) *The Observer Review*, 9 June.

Wallis, R. (1984) *The Elementary Forms of the New Religious Life*. London: Routedge.

York, M. (1995) *The Emerging Network: A Sociology of the New Age and Neo-Pagan Movements*. New York: Rowman and Littlefield.

第 9 章

手工艺品消费者:后现代社会中的文化、手工艺品和消费

导　言

在消费研究的社会科学文献中,有两种消费者形象长期占据主导地位。一种源自经济学理论的核心,即消费者是一个积极精打细算的理性行动者,一个精心分配稀缺资源去购买商品和服务以获得最大效用的人。另一种观点在“大众社会”批评家的著作中最常见,即消费者是被动的、受市场力量操纵和剥削的主体。因此,他们的消费方式在很大程度上受到“制约”。唐·斯莱特将这两种形象称为“英雄”和“受骗者”(Don Slater,1997a:33)。然而,近几十年来,由于后现代哲学对社会思想的影响,第三种形象开始凸显。消费者既不是理性的行动者,也不是无助的受骗者,而是一个有意识地操纵附加在产品上的符号意义的人。消费者在选择商品时,会有意识地利用它们来创造或维持某种印象、身份或生活方式(Featherstone,1991)。尽管这三种形象一直占据主导地位,但它们并没有穷尽当代社会科学对消费者的表述方式,而且它们(无论是单独还是组合)似乎也没有完全符合研究所揭示的消费者行为。[1]越来越多的证据表明,第四种形象可能更有助于理解当代社会的消费实践,这种形象或许可以被称为“手工艺品消费者”。

这种模式可以说类似于斯莱特笔下的英雄,而不是受骗者,因为它拒绝接受任何关于当代消费者只是无助傀儡的说法。另一方面,这种模式并不强调理性的自利行为,也不像后现代模式那样假定消费者对形象、生活方式或身份有着压倒性的关注。相反,这里的假设是,个人消费主要是出于参与自我表达的创造性行为的欲望。因此,尽管这种模式假定消费者积极响应商品和服务,有意识地利用这些商品和服务来达到自己的目的,但并不假定他们正在努力创造或甚至一定要保持一种认同感。[2]相反,有人认为这些消费者已经有了明确而稳定的认同感,事实上,正是这种认同感造就了他们与众不同的消费模式。

社会思想与手工艺品概念

卡尔·马克思和索尔斯坦·凡勃伦等社会批评家的著作中最能体现传统观点，即19世纪关于手工艺品与文化关系的观点。对这些思想家来说，男手工业者或女手工业者从事的劳动形式是人类所有活动中最精髓的形式。它被认为是崇高的、人性化的，因而是个人表达其人性的理想手段。因此，这些思想家认为，以工厂组织的机器生产取代手工生产这一构成工业革命精髓的过程，必然是一个去人性化的过程，用马克思的术语来说，是一个导致异化状态的过程。由于这种世界观被广泛接受，手工艺品活动成为前现代时代的象征，因此，为这种生产方式的优点辩护就等同于反对现代性本身。当今的手工艺品倡导者往往被贴上浪漫主义者的标签，他们对现代世界感到不安，要么渴望回到更早的前工业时代，要么对未来的后工业乌托邦抱有不切实际的梦想。显然，这种看待手工艺品活动的特殊方式在当今社会依然流行，手工艺品与机器或大规模生产之间的基本二分假设仍然是许多当代思想的基础。艺术家——男手工业者或女手工业者，仍然与设计和制造分离的劳动分工相对立。这种二分法暗含着不可剥夺的、人道的、真实的和创造性的工作与纯粹机械的、不能使人满足的和异化的劳动之间的对比。

现在，最早提出这种本质上属于摩尼教善恶二元对立劳动观的作家们，在很大程度上忽视了消费领域。在他们看来，他们所要了解的社会显然是以生产活动为主导的，而在大多数人衣食无着、营养不良的社会中，消费似乎并不是一个值得深入研究的问题。然而，在第二次世界大战后的几年里，当社会科学家开始更多地关注消费领域时，他们倾向于将这种反现代、浪漫的世界观应用到经济等式的另一面。人们倾向于这样一种假设，即如果大规模的、以工厂为基础的机器生产对参与者来说是一种本质上的异化体验，那么对以这种方式生产出来的商品的消费似乎也必然是类似的异化体验。或者说，如果消费活动本身不能被判定为实际加剧了生产异化，那么它至少不能以任何方式消除或抵消这种异化。因此，现代社会的消费，通常被称为“大众消费”，至少在知识分子和左翼社会科学家看来，是一件“坏事”。消费者通常被描述为任由广告商和营销人员摆布，而广告商和营销人员则通过利用大众传媒，操纵消费者以达到自己的目的。因此，消费者在很大程度上被描绘成受骗者，被骗购买大量毫无美感可言的标准化产品，其中许多产品他们实际上并不需要，也很少能带来真正或持久的满足感（Slater，1997a：63）。然而，在过去的几十年里，人们对消费在晚期现代资本主义社会中的作用逐渐形成了一种截然不同的诠释，这种诠释将消费与令人窒息的真实的自我表达方式联系在一起，从而有效地扭转了这种局面。

拒绝把消费者当作傻瓜

随着研究青年亚文化的工作的开展,人们的思维开始向这个方向转变,其中大部分工作是在20世纪60年代和70年代开展的。这项工作倾向于强调这些群体中的青年成员并不是简单地、不加批判地使用大众市场产品,而是通过使用这些产品来表明他们对“主流意识形态”的反抗或抵制(Hall & Jefferson,1976)。20世纪80年代后半期,随着消费社会学首次作为一个独特的研究领域出现,有人提出,消费者所做的不仅仅是抵制广告商和营销人员的压力。正如丹尼尔·米勒(Daniel Miller)在《物质文化与大众消费》(1987年)一书中指出的那样,当代消费具有“去异化”的潜力。他认为,消费应被视为一个过程,在这个过程中,一般的、抽象的和异化的物品(商品)可以转化为与之截然相反的东西。他写道:“消费作为一种工作,可以被定义为将物品从可异化的状态中转化出来的过程,也就是说,将物品从疏远和价格价值的象征中转化出来的过程,转变为具有不可分割的特殊内涵的手工艺品”(Miller,1987:190)。事实上,米勒认为物品的转变并不仅仅是占有物品的过程,而是将其融入整体风格阵列的过程,如仪式礼物或纪念品。他认为,这一过程涉及商品的语境重构,商品被“转化”为“潜在的不可剥夺的文化”(Miller,1987:215)。[3]米勒的重点是作为“文化实践”的消费,强调产品的意义可以通过其使用的环境和方式发生变化。因此,收藏、馈赠或造型等活动可以被视为有效地“否定”了产品的商品地位(Miller,1987:192)。虽然米勒没有把这种形式的消费称为手工艺品(他确实称其为“工作”),更不用说“手工艺品消费”了,但这一术语似乎可以恰当地应用于他所设想的消费活动。我们将以他敏锐的洞察力作为本文论证的出发点。这就是说,在当代西方社会,个人所进行的大部分消费都应被视为手工艺品活动。在这种活动中,个人不仅对消费过程进行控制,而且还将技能、知识、判断力、热爱和激情带入消费中,就像人们一直认为传统手工艺品者对待他们的工艺方式一样。

什么是手工艺品消费?

动词“工艺”的意思是“用技能,特别是手工,制造或制作时装”(Hanks,1979),而通常被视为有资格被称为“手工艺品”的活动包括编织、手工印刷、刺绣、银器制作、珠宝制作、书籍装帧、家具制作等。坦尼娅·哈罗德(Tanya Harrod,1995)将手工艺品定义为“由同一人制作和设计”,这一定义似乎与上述活动相吻合。不过她也指出,这一定义也适用于绘画或雕塑等艺术领域,因此很难确定这两个领域之间的界限。然而,这一定义的关键特征在于,它强调手工艺品生产者是对制造相关产品的所有过程行使个人控制权的人。因此，手工艺品工人是选择产品设计、选择所需材料并亲自制作（或至少直接监督制作）相关物品的人。因此，我们可以说，手工艺品制作者是将自己的个性或自我投入所制作物品中的人。当然，正是基于这些原因，这种形式的工作活动历来被认为是人类本性中更具人性、创造性和真实性的一面的体现。因此，"手工艺品消费"一词同样被用来指个人既设计又制作自己消费的产品的活动。不过，需要强调的是，这里的"产品"一词与丹尼尔·米勒在上文中使用的"风格阵列"（stylistic array）一词一致，指的是一种创造物，其本身可能由几件物品组成，而这些物品本身就是大规模生产的零售商品。也就是说，手工艺品消费者通常是指那些将任意数量批量生产的产品作为"原材料"来创造新"产品"的人，而这种"产品"通常是用于自我消费的。

因此，如果我们将手工艺品消费与手工艺品生产相提并论，我们可以说，手工艺品消费者是将"商品"转化为个性化或"人性化"物品的人。正是因为这种消费通常具有明显的技能和精湛技艺的特征，同时也允许创造性和自我表达，所以将其描述为"手工艺品消费"是有道理的。

"手工艺品"这个词能引起人们对"手工"生产物品的传统工人与借助机器生产物品的现代工人之间的对比的关注。当然，正是由于机器在当代社会的盛行和主导地位，"手工艺"一词才显得不适合用于现代生活的各个方面。然而，将"手工艺"活动等同于完全没有机器是错误的。因为像制陶和编织这样的传统手工艺显然需要使用"机器"（即陶轮和织布机）。因此，与其说没有机器是手工艺与更现代的制造形式的区别，不如说前者倾向于"用手"（或"用脚"）来驱动，而且更重要的是直接由工人控制。事实上，后一点才是最关键的，因为工厂系统及其相关的纪律和控制形式（如流水线）才是与手工艺品生产的真正对比。因此，真正的对比不是手工生产与机器生产之间的对比，而是工人控制机器的生产系统与机器控制工人的生产系统之间的对比。从这个角度来看，我们可以看到现代消费社会的一个有趣特征，即机器如何重新适用于手工艺传统，帮助和支持手工艺品消费者，而不是剥夺他们的传统自主权。因此，电动工具已成为DIY爱好者的重要帮手，业余厨师的电动搅拌机、热情的园艺家的电动树篱修剪机和割草机也是如此。在所有这些例子中，最重要的是人控制机器，而不是机器控制人。尽管这是家务劳动日益"机械化"的现代化进程中一个显而易见的特征，但人们往往忽视了它对自我发展和自我表现的潜在重要性，而只强调它在减轻家务"苦差事"的"负担"方面的作用。

挪用、个性化和定制化

谈到手工艺品消费，并不是指个人首先选择然后购买产品和服务的过程。也许，我们可以把那些花费大量时间、精力和智慧去发现"最好的购买方式"或确保"物有所值"的人称为聪明的消费者,但这里讨论的并不是这些活动。相反,我们关注的是,当人们把买来的产品带回家后,他们究竟是如何处理这些产品的。近年来,这才开始成为一个严肃的社会学研究课题。不过,可以确定的一点是,消费者通常会参与所谓的“拥有仪式”(McCracken,1990:85ff.),即那些能让消费者“拥有”相关商品的重要活动。乔迁聚会和试穿刚从商店买回来的新衣服都可以被视为这样一种拥有仪式。这些仪式有助于克服批量生产产品的固有异质性,并将其与消费者自己的意义世界同化。这种功能通过所谓的“修饰仪式”得到了加强。这些活动包括清洗自己的车、擦亮自己的家具,当然还有清洗和熨烫自己的衣服。所有这些活动都具有相同的重要功能,即帮助消费者将标准化或批量生产的商品融入自己的个人意义世界。[4]然而,并不是所有个人在获得商品后所从事的活动都可以被归入“手工艺”消费的范畴。事实上,“个性化”或“定制”产品等活动与真正的手工艺品消费之间存在着重要的区别。

个性化

可以说,消费者实现“占有效应”的一个传统手段就是将标准化产品“个性化”。在这种情况下,零售商或消费者个人会在批量生产的产品上打上“标记”,以表明这些产品为某个特定的个人所拥有。例如,在手表、钢笔或公文包等产品上加上自己的名字或姓名首字母,这种做法在零售商提供的一系列服务中早已有之。从纯粹的工具性角度来看,这种做法可以被认为不过是确保有关物品仍为其所有者所拥有的一种手段,就像儿童入学时在衣服上粘贴名牌(标有姓名的标签)一样。不过,在许多情况下,在产品上加上所有者的姓名或姓名首字母显然本身就是一种重要的占有仪式,因此直接表明对有关物品的某种主观“占有”已经发生。当然,在某些情况下,如个性化汽车号牌这种特别粗鲁、自我主张强烈的名牌,所涉及的拥有仪式也可以被视为具有额外的优势(从消费者的角度来看),使所有者能够进行炫耀性消费。然而,这些例子显然不能被视为真正的手工艺品消费,因为它们并没有对仍然是标准化产品的性质进行重大修改。相反,将此类活动视为仅仅导致商品“个性化”的活动似乎更为恰当。

定　制

更接近手工艺品消费的活动是消费者“定制”产品,使其更好地满足自己的需求。把裙子的下摆挽起来和把裤子的腰带收进去,都是对“现成”服装进行改装的例子,这些改装似乎都是值得称作手工艺品的。但是,这些服务越来越多地由零售商自己提供,因此必须区分零售商进行的此类活动与真正的自我修改。不过,在这种情况下,虽然消费者可能需要掌握一定的技能，但他们所从事的活动仍然不会对产品的基本设计造成任何重大改变。从这个意义上说，“自我定制”并不一定等同于上文所说的手工艺品消费者的创造性行为。因为设计修改是任何消费活动的关键特征，值得被称为“工艺”，而且只有消费者自己进行的活动才是“工艺”。当然，消费者只要有资金，就可以从生产商或零售商那里购买个人“定制服务”，即根据个人的品位和喜好对产品进行专门设计和制造的服务。长期以来，大多数国家的贵族都能确保他们的大部分商品都属于这一类，而今天，即使是中产阶级也往往有能力以这种方式亲自设计和制造某些重要的商品，建筑师设计的房屋和定制的西装就是最好的例子。尽管顾客可能会对有关产品的设计（以及“制造”这些产品所使用的材料）表示明确的偏好，但这些产品仍然是由他人制造的，而不是由消费者自己制造的。因此，如果严格按照手工艺活动的定义，即物品“由同一人制造和设计”，那么这种定制仍然不算数。手工艺消费显然不仅仅指产品的简单个性化或定制。也就是说，手工艺消费不仅仅是在产品上标注自己的名字或姓名的首字母，甚至还包括聘请专家为自己设计产品。消费者必须直接参与产品的设计和生产，这样的消费活动才称得上是手工艺品。

颠覆性定制

不过，也有另一种意义上的制成品可以说是“定制”的，这就是当产品的使用方式与制造商的意图不同时。当然，有许多不同的动机会促使人们以不同寻常或意想不到的方式使用产品，而且并非所有这些“改变”都是出于自我表达或创造的愿望。在许多情况下，这可能只是消费者的一个错误判断，或者是对不寻常情况的一种反应。另一方面，消费者的聪明才智和创造力可能远远超出制造商和零售商的想象。[5]这种定制化的一个特别有趣的例子是，将标准产品进行改变或使用，而不是按照制造商的意图，使其成为亚文化成员的标志或“徽章”。这种做法的一个明显例子就是把棒球帽戴“错”了。显然，这种更改很难说是个人创造力的体现，尽管由一个群体发起并采用这种更改可能会被视为“颠覆性定制”的范例。这种做法的其他典型例子还包括对“叛逆”小学生典型的校服着装规范进行脱胎换骨的更改。袜子卷起来穿而不是挽起来穿、衬衫挂在外面穿而不是塞在里面穿、领带系得松松垮垮而不是紧紧地围在脖子上等做法都属于这一类。这些例子说明，广告商和零售商并不是影响消费者选择使用商品方式的唯一力量。这并不是什么新趋势。例如，正如棒球帽所暗示的那样，青年亚文化成员倾向于以这种方式充当颠覆性消费者已有时日。例如，20世纪50年代所谓的“泰迪男孩”（teddy boys），实际上就是要求裁缝按照他们自己的设计（爱德华时代的设计）缝制西装，而无视裁缝自己提供的关于男装美学接受度的专业建议。嬉皮士和朋克等群体的独特服装也不是由时装设计师首先提出的，而是由年轻人自己提出的。在上述每一种情况下,服装主要由穿着者自己设计,这一点在今天依然适用,并体现在众所周知的“街头时尚”现象中。也许其新颖之处在于,广大消费者(非艺术专业学生或任何青年团体成员的消费者)也开始希望以这种方式行事。这就是,对他们所穿衣服的性质和设计,甚至对他们日常消费的各种产品,进行某种程度的个人控制。这似乎源于一种愿望,即通过在产品上表达自己的品位来体现自己的个性。因此,有证据表明,女性消费者越来越希望定制自己的服装,例如,一位购物者开始更换她最近购买的昂贵的Gucci手提包的包带(Craik,2000)。同一篇文章还列举了其他类似的例子,如缩短一条新裙子的袖长,在裙子上添加蕾丝边,在一条新牛仔裤上添加破损处等。对经过精心设计的服装进行“修改”,显然显示了消费者对个性化消费品的强烈渴望。[6]这些例子特别有趣的地方在于,它们可以被视为旨在恢复“单一性”或“独特性”的行为,而这正是传统手工制品的标志。因此,可以说消费者参与这些活动的目的是使相关商品不仅“成为自己的”,而且还能从众多手工制作的同类商品中脱颖而出。因此,对于大多数买不起高级定制服装的人来说,独特性是通过消费者在拥有已完工的物品后所做的工作来实现的。

作为组合活动的手工艺品消费

然而,定制个人的商品并不是大多数当代手工艺消费的典型特征。与直接改变成品相比,这种形式更有可能是从成品的原材料中创造出新的组合式产品。如果我们考虑一下当代社会中最明显和最重要的消费活动领域,就会发现,在这些领域中明显存在着手工艺。这些领域包括DIY、家居改装和装修、园艺、烹饪以及创建和维护衣橱。这些消费形式的重要之处在于,在每一种情况下,都可以购买成品或“现成”产品。或者,也可以花钱请专家来设计和监督最终产品的“制造”。不过,似乎越来越多的人拒绝这些选择,而是选择自己“精心制作”此类产品。也就是说,他们决定既设计又“制造”最终产品。“Ready, Steady, Cook”“Changing Rooms”和“Ground Force”等节目的热播,以及许多相关杂志和书籍的出版,都证明了这样一种观点,即有大量的消费者希望成功地创造出他们自己的具有美学意义的最终产品。[7]

食品制作就是一个很好的例子。当然,从某种意义上说,这既是一种生产活动,也是一种消费活动。然而,如果不是有偿劳动,且由那些也打算食用最终产品的人进行的,就很难做出这样的区分。但很显然,越来越多的消费者愿意付出巨大的努力,不仅是为了挑选食材,而且是为了进行随后必要的(往往是复杂的)准备、烹饪和展示,以提供一系列具有文化声誉的烹饪“菜肴”,这些“菜肴”构成了所谓的“一顿饭”。即使食物并非总是仅供自己食用,通常也不打算在市场上出售。毫无疑问,称其为手工艺活动是合理的。毕竟,即使"基本设计"可能来自其他地方(如食谱书),但最终产品是用技能和手工制作的。在这种情况下,"原材料"(即配料)的选择可能需要技巧和知识,也有很大的创造空间。同时,由于市场上既有种类繁多的即食食品,也有数不胜数的餐馆和外卖店,因此存在着一种简便易行的替代消费策略,即避免手工制作的消费策略。然而,值得注意的是,这种"手工艺品消费"——尽管有时在烹饪方面不如在室内装饰、个人着装或园艺方面那么明显——通常并不涉及产品的实际"创造"。相反,实际"创造"的是一种"组合",或者说是产品的"拼凑",每件产品本身可能都是标准化或批量生产的产品。事实上,这种"组合创意"正是现代手工艺品消费者的典型特征,例如,从个人选择、搭配服装的方式,或摆放家具和装饰品以在房间甚至整个家中营造特定的"风格"的方式,都体现了这种"组合创意"。

作为手工艺品消费的收藏

然而,认识到当代手工艺品消费大多以组合构建的形式出现,有助于引起人们对收藏的关注,因为收藏只关注这一特殊活动,有助于突出现代手工艺品消费的某些独特特征。收藏作为一种活动,被定义为"积极、有选择性、充满热情地获取和拥有脱离普通用途的物品,并将其视为一系列非相同物品或经验的一部分的过程"(Belk,1995:67)。从这一定义中我们可以清楚地看到,收藏——其强调的是一种积极的导向和热情的参与——本身就是一种手工艺品消费,而"收藏"则是"手工制造"的最终结果。很显然,这一过程不仅需要技巧和知识,本质上也是一种创造。因为收藏者会积极地对单个产品进行语境重构,将其置于一个名为"藏品"的更大创作中,从而赋予其新的意义和重要性。在这一过程中,收藏者和消费者不仅要对产品进行占有和梳理,还要将"自我"大量地投入这一新的创造中。因此,它可以与DIY、园艺或烹饪爱好者的创造性活动相提并论,尽管在这种情况下,在市场上购买的个人制成品(当然,并非所有收藏品都是可销售的产品)并没有以任何方式被视为独立的实体。在此,我们还可以注意到,收藏是当代消费社会的另一个普遍且快速增长的特征。这些评论还有助于引起人们对手工艺品消费的另一个显著特点的关注。这就是说,手工艺品消费具有重要的自发或审美维度,因此与"游戏"有着根本的相似之处。正如比亚尔内·罗根(Bjarne Rogan)所言,收藏"不仅仅是一个区分和社会效仿的问题。它也是一种乐趣和游戏"(1998:440)。

从定制到手工艺品消费

尽管个体消费者可能会通过多种途径参与类似手工艺品的活动,但最明显的是作为正常梳理或拥有仪式的“自然”发展。因此,如果重新装修房间是为了改变房间的颜色,那么这种活动可以说是“定制”的过程。[8]也就是说,对产品进行某种改动,以满足个人的特殊需求、品位或欲望。这反过来又会激发人们对室内装饰产生更持久的兴趣,并由此获得专业知识和技能,从而使简单的定制行为转变为“手工艺品消费”这一更为长期的计划。当然,对仪容仪表和占有仪式的关注也可能是一种预先存在的“爱好”或“闲暇时的追求”的一种表现,而这种爱好或追求本身就是围绕着一种大规模生产的商品而产生的,因此,正是这种兴趣直接导致了定制活动,进而导致了真正的手工艺品消费。[9]

这并不是说当代西方社会的大多数消费者都是手工艺品消费者。我们只是说,现代消费者中有很大一部分属于手工艺品消费者,而且这一群体还在不断扩大。显然,如上所述,非手工艺品不仅继续存在,而且是许多人选择的消费形式。因此,仍然有相当多的现代消费者从来不种花、不重新装修、不以任何方式改造自己的居所,甚至不花很多时间挑选衣服或准备饭菜。对这些人中的许多人来说,这种非手工艺品消费是由于生活的贫困而被迫的。因此,他们可能既没有钱,也没有时间精心制作一顿饭,也许他们根本就没有花园,或者住在租来的房子里。另一方面,也有一些富裕的自住业主,虽然他们确实拥有从事手工艺品消费的资金(包括时间),但他们选择不这样做,这样就继续符合现代大众消费者的刻板印象。当然,阻碍许多消费者选择手工艺品的原因不仅仅是没有足够的时间或财富。因为,正如布尔迪厄(Bourdieu)所指出的,一个人还需要一定数量的“文化资本”,这样才能对大众产品进行再利用,使其成为表达个人个性或实现自我价值的手段。更具体地说,我们可以说需要某种文化资本,才能将商品视为“原材料”,用于构建综合的“审美实体”,也才能知道哪些原则和价值观与实现这些更大的构建相关。事实上,手工艺品消费者很可能不仅拥有这样的文化资本,而且比大多数人更关注大众消费可能产生的“异化”和同质化效应。这也是他们热衷于手工艺品的原因,因为他们很可能认为这是成功抵制这种压力的适当方式(Holt,1997)。然而,这并不意味着现代社会中的贫困阶层(无论是传统意义上的贫困还是文化意义上的贫困)会被完全排除在手工艺品消费之外。因为并非所有这类活动都需要大量的资本或开支,也并非所有不太富裕的阶层都没有足够的闲暇时间。此外,所需的文化资本往往比较容易获得,通常可以通过媒体渠道获得。最后,需要注意的是,在手工艺品消费的某些方面,这种资本可能确实是大众性的,而不是精英性的。

手工艺品消费与“更大”的文化消费

这是因为,从现代社会整个复杂的文化体系来看,手工艺活动可以说是真正的民间知识与时尚和高雅艺术的结合体。也就是说,一方面是个人获得的实用“诀窍”,这种诀窍往往是通过家庭传承或从业者之间口口相传的。例如,外婆的约克郡布丁或姜汁蛋糕食谱,或者在农田里工作时间最长的居民关于如何种植韭菜的秘诀。另一方面,人们会发现那些艺术家和设计师,他们的创新活动往往会确立当前的时尚或风格,无论是浴室、家具、花卉还是食物的烹饪方法。这两种影响的交汇点可以说是手工艺品消费者最常占据的“文化中间地带”。

手工艺品消费为何出现增长?

伊戈尔·科普托夫(Igor Kopytoff)认为,不仅“在复杂的社会中……显然存在着对单一化的渴望”(1986:80),而且这一过程不应被视为与商品化简单对立的存在。相反,他建议将两者视为一种辩证关系,即一方的逐步加强并不是为了消除另一方,而是为了激发平等和相反的反应。这种说法的依据是,如果“有序和有意义的社会秩序要存在”,两者都是必不可少的(1986:80)。这是一个耐人寻味的建议,为手工艺品消费在商品化进程明显加快的社会中的兴起提供了可能的解释。因为,后一过程不仅一再受到“质疑”(有时取得了相当大的成功;Radin,1996),而且更有可能的是,商品化的加剧促使个人寻求新的、更有效的方法来对抗商品化的影响;也就是说,寻求更多的方法来“使事物变得珍贵”“特别”“意义非凡”或“无价”。显然,仅仅“背弃”商业社会或拒绝卷入“商品世界”并不能轻易做到这一点,更现实的策略是“拥抱”商品世界,并利用自身的文化和个人资金将其转化为“独特的”。

当然,我们可以看到,当代西方社会手工艺品消费的增长可能就是对逐步商品化的一种反应。因为随着现代生活中越来越多的方面受到这种经济统治的影响,越来越多的人可能会体验到逃避甚至抵制这一过程的必要性。也就是说,在他们的日常生活中,他们可能会渴望有一个小角落,那里的物品和活动因被视为独特、唯一,甚至神圣而具有重要意义。从这个角度来看,手工艺品消费领域可能会受到高度评价,因为在商品化和市场化不断扩大的“沙漠”中,它被视为个人自我表达和可靠性的绿洲。

当然,这样说并不是否认手工艺品消费的增长对消费资本主义的持续扩张并不完全起作用,或者说,具有讽刺意味的是,手工艺品消费的增长实际上可能不会为商品化提供更多的机会。因为,正如我们已经看到的那样,这些手工艺活动本身就会增加对各种消费品和服务的需求,从颜料到专门的烹饪工具,从食谱书到植物新品种,不一而足。与此同时,可以说这种活动与所有休闲活动和业余爱好一样,也具有“娱乐”的功能,因为它能使个人的能力和精力得到恢复,从而再次“准备好”发挥其生产作用(Slater,1997a:2)。然而,手工艺品消费与工作世界之间可能有着某种不同的关系,这也有助于解释其崭露头角的原因。

同样显而易见的是,热衷于手工艺品消费的主要是中产阶级和专业人士,而这些群体近年来不仅经历了非职业化,还经历了更多官僚化、外部监督和正式的绩效评估。这些人会不会因此越来越多地退缩到自我表达的私人化世界中,而这正是他们在职业角色中从事独立创作和表达活动的机会越来越少的直接后果?因为这些人的工作在传统上具有“天职”的许多属性,也就是说,他们的工作不仅被视为“生活任务”,而且还被视为能够提供明确的认同感和深刻的个人满足感。然而,由于他们的职业逐渐失去了专业性(这主要是政府干预的结果),这或许可以解释为什么他们倾向于在私人领域寻求那些他们在公共领域无法再获得的满足感。在这方面,可以说非职业化对中产阶级的影响就像霍加特(Hoggart,1957)所说的工业化对工人阶级的影响一样,即把以前在工作领域表现出来的创造力转移到了休闲领域。

不过,也许有人会更愤世嫉俗地认为,手工艺品消费的增长只是中产阶级和中上层阶级成功适应后现代消费社会的证据,这样他们就可以继续表达他们传统的文化优越感。因此,中上层阶级并不只是哀叹猖獗的消费主义的“粗鄙物质主义和掠夺性”(在他们看来,消费主义已经变得无孔不入,这主要是社会底层无节制的贪婪和享乐主义的后果),或者试图通过缩小规模或加入简朴生活运动来逃避物质主义和消费主义社会的最坏影响,而是对消费主义进行合作和改造,使其能够表达他们自己独特的文化价值和传统。从根本上说,这涉及对这个世界的审美化和伦理化(如果不是精神化的话)。因为,只要消费被视为一个充斥着贪婪、嫉妒和地位争夺等可疑动机的领域,那么它必然是具有深厚道德和伦理文化传统的人们所厌恶的。然而,如果能将其重新描绘成一个以品位、美感、可靠性和个人表现力为主导的领域,那么它确实可以被纳入这一传统范畴。从这个角度看,手工艺品消费与商品消费的区别与其说是新的社会分化,不如说是旧有分化的新形式再现。

结　论

19世纪和20世纪初,社会科学著作中的一些假设长期以来构建了有关现代工业社会生产和消费的思想。其中最重要的是将货物和商品的创造概念化的二分法模式,这种模式通常被表述为手工业与非手工业或工业生产之间的对比。这种对比通常不仅被视为两种不同生产方式之间的划分,而且还被视为人类与客体世界产生联系的两种截然不同的方式,这两种方式对相关人员的影响截然相反。因此,手工艺被认为是人性化和解放性的,它使个人能够从事真实的、富有表现力和创造力的活动,而工厂化和自动化的机器生产则被认为具有相反的效果,不仅消除了这种可能性,而且还创造了一个被异化的工人阶级。这种模式经常被延伸到消费领域。因此,消费手工艺品被视为一种健康的、有教养的鉴别力和"高雅品位"的象征,而消费大众制成品则通常被视为一种普遍和进一步促成"异化"状态的症状。在此,我们建议从根本上改变这种看法,认识到正如存在着两种截然不同的生产方式一样,也存在着两种不同的消费方式。然而,这两种消费模式并不是简单地对应不同种类商品的消费(从这个意义上说,手工艺品消费并不等同于消费手工艺品),而是对应与商品相关的不同消费方式。正如手工艺品生产的重要性不在于其实际生产方式,而在于它为人类提供了表达自我和发挥创造力的机会,手工艺品消费的重要性也在于它为人类展现类似的宝贵品质提供了机会。因为消费,就像一般的工作或"生产活动"一样,可以被视为"苦差事",仅仅是一种必需品。另一方面,它也可以是一个人生命中最重要的部分,或者用C.赖特·米尔斯的话来说,是"自我的强烈表达……人类普遍本性的发展"(Mills,1951:215)。这种消费模式不仅存在于当代消费社会,而且实际上正在蓬勃发展,可以被视为日常生活普遍审美化的一部分,也可以被视为消费需求而非生产需求正在塑造当代文化这一事实的一部分。更重要的是,拥有可支配收入和充裕闲暇时间的人们的消费需求日益决定着商品世界的性质以及这些产品的营销和使用方式。显然,这些人中的许多人都希望能够以越来越多的表现方式和创造性方式使用产品;也就是说,他们希望能够通过消费"道具"来"实现自己的潜能"和"表达真实的自我"。实际上,他们希望成为手工艺品的消费者,如果假定这种趋势在不久的将来会继续下去,那么,在后现代社会中,手工艺品消费不仅是主要的消费形式,而且是个人自我表现的主要方式。

注　释

[1] 事实上,加里布埃尔(Gabriel)和兰德(Land)在1995年提出的消费者形象要复杂得多。不过,这些都是人们在文献中最常遇到的。

[2] 这并不是否认消费活动可能与身份认同问题有关,只是反对后现代流行的假设,即消费的动机是为了创造身份认同(Campbell,2004)。

[3] 丹尼·米勒在此恢复了黑格尔的"扬弃"或再吸收概念(Miller,1987:12,28);另见蒂姆·丹特的讨论(Dant,1999:32-34)。

[4] 个体还会进行“剥离仪式”,例如“剥离修饰”——包括清洁、修复和装饰待售物品等活动(参见McCracken,1990:83-87)。

[5] 当然,产品宣传用途与实际用途之间的脱节,可能恰恰源于制造商自身采用的广告策略。例如,计算机制造商将其宣传为教育工具,主要是为了说服家长为孩子购买。然而,孩子们最终却主要用来玩电子游戏——这种情况其实完全在制造商的预料之中。

[6]《卫报》文章的子标题写道:“既已买下,当属已有——时尚编辑劳拉·克雷克(Laura Craik)详解服装定制之道。”(Craik,2000)

[7] 学界普遍认同,此类节目的吸引力很大程度上源于其娱乐价值,观众可能仅为消遣而非学习知识而观看。但必须指出的是,电视作为传递这类文化资本的重要媒介具有特殊意义——因其所需知识多具实践性特征,潜在学习者往往需要观摩演示而非单纯听授方能掌握要领。

[8] 这似乎与戴尔·萨瑟顿(Dale Southerton)提出的“个人即兴创造”概念(第165页)相吻合。

[9] 要明确区分“手工艺品消费”与单纯的“兴趣爱好”并非易事。若将兴趣爱好定义为人们在闲暇时为追求愉悦或放松而从事的活动,那么手工艺品消费显然也符合这一定义。然而,“兴趣爱好”这一概念并不必然包含参与者需具备特殊专业知识的内涵,也未必暗示着参与者会展现出手工艺品消费者所特有的那种热忱与投入。关于消费与兴趣爱好的讨论,可参阅斯莱特的研究(Slater,1997b)。另见伯特·穆尔豪斯对精英改装车爱好者如何以其行为方式证明他们堪称“工匠”的论述(Bert Moorhouse,1999:293)。

参考文献

Belk, R.W. (1995) *Collecting in a Consumer Society*. London: Routledge.

Campbell, C. (1994) ‘Consuming Goods and the Good of Consumption’, *Critical Review* 8 (4): 503-520.

Campbell, C. (2004) ‘I Shop Therefore I Know That I Am: The Metaphysical Foundations of Modern Consumerism’, in Karin Ekstrom and Helen Brembeck (eds.) *Elusive Consumption: Tracking New Research Perspectives*. Oxford: Berg.

Craik, L. (2000) 'Rip It Up and Start Again' Style 2, *The Guardian*, 21 April.

Dant, T. (1999) *Material Culture in the Social World.* Buckingham: Open University Press.

Featherstone, M. (1991) *Consumer Culture and Postmodernism*. London: Sage.

Hall, S. and T. Jefferson (eds.) (1976) *Resistance through Rituals*: *Youth Subcultures in Post-war Britain*. London: Hutchinson.

Hanks, P. (ed.) (1979) *Collins Dictionary of the English Language*. London: Collins.

Harrod, Tanya (1995) *The Crafts in Britain in the 20th Century*. New Haven: Yale University Press.

Hoggart, R. (1957) *The Uses of Literacy*. Harmondsworth: Penguin.

Holt, D. (1997) 'Poststructuralist Lifestyle Analysis: Conceptualizing the Social Patterning of Consumption in Modernity', *Journal of Consumer Research* 23: 326-350.

Kopytoff, I. (1986) 'The Cultural Biography of Things: Commoditization as Process', in A. Appadurai (ed.) *The Social Life of Things: Commodities in Cultural Perspective*. Cambridge: Cambridge University Press, 64-91.

McCracken, G. (1990) *Culture and Consumption: New Approaches to the Symbolic Character of Consumer Goods and Activities*. Bloomington, IN: Indiana University Press.

Miller, D. (1987) *Material Culture and Mass Consumption*. Oxford: Blackwell.

——(1998) *A Theory of Shopping*. Cambridge: Polity Press.

Mills, C. W. (1951) *White Collar*. NY: Oxford University Press.

Moorhouse, B. (1999) 'The "Work Ethic" and "Leisure" Activity: The Hot-Rod in Post-War America', in L. B. Glickman (ed.) *Consumer Society in American History: A Reader*. Ithaca, NY: Cornell University Press, 277-297.

Radin, M. (1996) *Contested Commodities*. Cambridge, MA: Harvard University Press.

Rogan, B. (1998) 'On Collecting as Play, Creativity and Aesthetic Practice', *Etnofoor* XI (I): 40-55.

Silverstone, R. (1994) *Television and Everyday Life*. London: Routledge.

Slater, D. (1997a) *Consumer Culture and Modernity*. Cambridge: Polity.

Slater, D. (1997b) 'Integrating Consumption and Leisure: 'Hobbies' and the Structures of

Everyday Life', paper given at the ESA subgroup 'Sociology of Consumption' Essex University.

Southerton, D. (2001) 'Ordinary and Distinctive Consumption; or a Kitchen is a Kitchen is a Kitchen,' in J. Gronow and A. Warde (eds.) *Ordinary Consumption*. London: Routledge, 159-178.

第 10 章

"新品"诅咒：
加速追逐新品如何驱动过度消费

导　言

长期以来，环境哲学家和评论家们一直认为，西方文明的性质决定了其在促进与地球建立真正可持续关系的道路上存在着巨大的文化障碍。事实上，西方世界观作为一个整体经常被认为是当代环境问题的根源，这主要是因为它的"物质主义""还原论""厌世"和"二元论"特征。[1]然而，在本文中，我想集中讨论现代西方文化中的一个因素，它可以被认为是发展与自然界的真正可持续关系的一个同样严重的障碍，事实上，它很有可能是当前过度消费现象背后的主要力量，也就是说，消费似乎是为了消费而消费，也是为了满足真正的需要。然而，在这些讨论中，这种消费却很少受到重视。这就是对新事物和新奇事物的高度重视。我们承认，当代文化的这一特征并不能解释现代发达社会以及许多快速发展的社会所特有的超高消费水平的全部原因，但我们认为，它是造成这一趋势的主要原因，因此，即使是间接地，也是造成当代西方生活方式不可持续的原因。我们将研究这种对新奇事物的热情所采取的各种形式，以及被认为具有这些特质的产品消费加速的证据。[2]最后，我们还将考虑即使不能从总体上降低新奇事物的重要性，是否有任何现实的可能性来遏制这种趋势。

消费新事物的三种形式

在之前的一篇论文中,我概述了"新"的三种不同含义。[3]第一种含义是新事物是新鲜的或新创造的事物;第二种含义是新事物是改进的或革新的事物;第三种含义是新事物是陌生的或新奇的事物。在使用"新"这个词来表示新鲜时,它与"旧"相对,"旧"指的是破旧或老化的东西。这就是我们所说的新月、新生儿或植物新芽的含义。在这些语境中,"新"都不意味着任何新奇或与以往不同的东西。新月实际上是人们非常熟悉的事物,婴儿和嫩芽也是如此。这里的对比纯粹是时间上的,指的是每月、每代或每季的变化。我们的基本假设是,所有事物都会随着时间的推移而衰老,因此如果它们要继续存在,就需要再生,我们用"新"来表示再生确实已经发生。第二种意义上的"新"更多涉及效率和技术能力,而不是纯粹时间意义上的新。在这里,"新"指的是经过改进的、革新的,或者仅仅是最先进的,是多年来一长串相互继承的物品、工艺或做法中的一种。通常情况下,在这方面被称为"新产品"的事物体现了当前相关技术的最前沿发展水平,因此,它们反映了最新的科技知识或专业技能。第三种意义上的"新",不是指新鲜的或改进的,而是指新颖的或不熟悉的。这里的对比纯粹是经验性的,因此与前两种用法有很大不同。因为,虽然从新创造的意义上来说,新颖的东西也可能是新的,但不一定非得如此,因为对于遇到它们的人来说,陈旧的东西可能仍然是陌生的。同样,虽然一些经过改进的新物品或新体验也会让人感到新奇,但许多新物品或新体验也会让人感到非常熟悉。

从逻辑上讲,对这三种"新"的思考会导致三种不同的消费形式,我们可以把它们分别称为替代性消费、创新性消费(或者说对被视为创新的产品的消费),以及与时尚或审美相关的消费。这些区别在实践中经常重叠。例如,消费者可能需要更换坏掉的物品,如电视机或电脑,却发现市场上仅有的几种型号都是原产品的升级版或改进版。同样,正是出于这个原因,最新潮的产品也可能是最时髦的产品。尽管如此,我们认为这些区别在分析上还是有用的。因此,我们将逐一考察这三种形式对当代过度消费现象的潜在影响。[4]

替代驱动下对新事物的消费

从原则上说,替代消费可以细分为两大类。第一类是"一次性"产品,即只使用一次的产品,因此使用后需要立即更换。还有那些设计使用寿命较长的物品,但在某些方面出现破损、损坏或故障,因此,如果被认为无法修复,就必须更换。第二类是消费者的情况发生了变化，相关产品不再能够满足最初促使其购买的需要，因此需要一种新产品来满足同样的需求。后一种替换性消费的一个明显例子是，儿童往往会长大，因此需要更换大一号的衣服。另一个例子是，老一代人的视力会随着年龄的增长而下降，他们需要购买新的眼镜来代替他们现在使用的眼镜。然而，正如这两个例子所表明的那样，这种替代消费往往符合一种相当成熟的传统模式，因此，似乎没有什么迹象表明，近年来这种消费的总体发生率或程度会有任何明显的变化。因此，下文将重点讨论其他两类替代消费。[5]

一次性替代消费

上文提到的第一类替代消费与一次性或一次性产品有关，也就是说，这些产品要么在购买后不久就被全部用完，要么如果留待以后使用，其效用就会在一次消费行为中全部耗尽。从根本上说，这是一种再供给意义上的替代消费，人们很自然地首先会想到食品，因为食品在消费过程中必然会被消耗掉。因此，大多数人不得不以每月、每周甚至每天购物的形式定期补充此类商品。当然，不仅仅是食品和饮料属于这一类，“一次性”产品的数量和范围也相当大。这就是说，有许多产品在设计上，甚至在广告上都是一次性使用的，因此实际上没有二手价值。[6]其中许多产品也会出现在上文提到的日常杂货购物中，例如肥皂和洗发水、洗碗片剂或洗碗液、吸尘器袋、蜡烛、火柴或药品等。然而，这类产品的种类之多，远非一般超市购物者手推车里的商品所能比拟。事实上，现在几乎所有产品领域都有一次性产品销售。以下是目前被标榜为“一次性”或“单次使用”的产品中的一小部分，仅供参考：围裙、烧烤炉、照相机、除湿器、耳塞、拖鞋、手套、染发剂、冰袋、果冻模具、内裤、打火机、睫毛膏、尿布、斗篷、乳蛋饼盘子、剃须刀、马桶坐垫套、雨伞、摄像机、酒杯、瑜伽垫和拉链手铐。[7]

值得注意的是，消费者不仅在购买产品时会遇到单次使用的现象，从而被迫定期购买“新鲜”产品，许多休闲活动和服务也是如此。大多数剧院、电影院、展览和音乐会的入场券，以及公共汽车、火车和飞机的乘车券，都是“一次性”的，因为它们只在一个场合有效。大多数代金券和礼券都有明确的有效期，各种卡需要定期“充值”才能继续有效。还有一大批许可证和执照（如护照、驾驶执照和持枪执照等）也需要更新，这样才能使消费者继续获得服务。人们可能会认为，当涉及一次性产品的消费对地球资源造成消耗时，公共汽车票、护照等几乎不算什么。然而，资源在这里也被消耗掉了，如果将一次性车票改为多次使用的车票，或者减少许可证的更新次数，也可以节省资源。

保质期提醒人们，“新鲜”和“陈旧”这两个概念是支撑这种替代消费意识的关键部分。[8]需要购买新鲜产品，不仅是因为之前购买的产品已被消费，还因为（尽管仍然存在）它们的使用价值已经过期，或者说已经“超时”。这就是现在大多数西方国家在食品上标注使用期限的理由。在英国,这些日期是在20世纪90年代首次引入的,由政府的食品标准局负责监督其使用情况。[9]引入这些日期的理由非常明确,因为对于某些产品来说,如果在食用前存放时间过长,会对健康造成危害。[10]然而,这一概念也可适用于食品或药品以外的产品,从而鼓励消费者购买“新鲜”产品,即使“旧”产品仍然有效用。[11]

这里的关键点在于,消费者进行这种替换性购买并不一定是因为他们喜新厌旧,而仅仅是因为这些产品一旦使用了,并发挥了其功能性,就失去了效用,因此必须更换。从严格意义上来说,这并不一定意味着所有那些被称为“一次性”的产品只能使用一次(一支一次性圆珠笔在用完之前可能会使用不止一次),而是指产品在出售时就知道它的效用期有限,寿命很短。[12]因此,消费者通常在购买这些产品时,清楚地知道他们并不是在更换一件物品,而是在参与一个连续或一系列的更换过程。

当然,在一次性产品和非一次性产品之间存在明确选择的情况下(这两种产品都能满足同样的需求),对新产品的偏好可能会影响购买此类替代品的行为。因为有些消费者可能更愿意购买新的一次性产品(如剃须刀),而不愿意购买经久耐用、可多次使用的产品,因为这种产品最终会出现磨损的迹象。与非一次性产品相比,消费者可能更喜欢一次性产品的另一个原因是,这些产品的所有者不需要花费时间或金钱来清洁或维护它们;而且,由于其相对较低的损失成本,他们也不需要特别担心有关物品丢失或被盗。[13]

从抑制甚至防止过度消费的角度来看,令人担忧的趋势是,近年来属于一次性或单次使用的产品数量明显增加。虽然有些此类商品已经存在了很长时间,例如,纸盘子至少可以追溯到20世纪初,一次性剃须刀和尿布可以追溯到20世纪70年代,一次性照相机可以追溯到20世纪80年代,一次性隐形眼镜可以追溯到20世纪90年代。但近几十年来,这类商品有了显著的增长。目前,一次性摄像机甚至手机也越来越普遍。[14]为什么一次性产品会增加?价格和方便似乎是人们购买一次性产品而不是非一次性产品的两个主要原因,显而易见的是,近年来许多一次性产品的价格已大幅下降。[15]例如,在美国,手机的平均价格从1990年的600美元降至2001年的162美元。[16]如今,同样的手机只需不到50美元就能买到。所以有些人现在将这些产品视为“一次性”的,也就不奇怪了。

是否有迹象表明,越来越多的一次性产品进入市场的趋势可能会放缓或受到限制?当然,一次性塑料购物袋的历史令人鼓舞,而且在过去的十年里,全世界都在开展禁止或限制使用这种购物袋的运动。[17]不过,这似乎是一个特例,因为在不久的将来通过与其他一次性产品有关的类似立法的可能性似乎很小。因此,尽管环保人士继续鼓励消费者避免购买一次性用品,同时也提出了替代品的建议[18],但这一趋势似乎可能会继续下去。

停用后的替换消费

当我们继续考虑前面提到的第二种形式的替换消费时，即当产品破损或在某些方面损坏或出现故障，因而必须更换时，我们就会遇到计划性淘汰现象。这是因为，这种更换消费的发生率似乎在很大程度上与产品能够经受多年使用的程度有关，尽管这种发生率也取决于维修成本与产品价格的关系。计划性淘汰是指故意将产品设计成具有有限使用寿命的做法，典型的例子是尼龙丝袜和电灯泡。丝袜不可避免的"抽丝"现象使消费者不得不购买新品，并使得制造商不再研发防抽丝纤维。灯泡的情况也是如此。持久耐用的灯泡被大多数制造商视而不见，而且灯泡还故意被制成易碎品，以缩短其使用寿命。[19]

事实上，有计划的报废并不只是一件事，而是"一系列制造和营销技术，它们都有一个共同的目的：鼓励消费者购买更多的产品，从而使工厂忙得不可开交，产品不断下架"。[20]因此，尽管制造商为达到这一目的所采用的最明显的手段是使产品变弱、不耐用或无法维修，但他们也可能游说制定新的法律要求和标准，这意味着消费者必须购买新产品。[21]例如，英国政府交通部于1960年开始对汽车的安全性、适路性和尾气排放进行测试。最初，只有车龄在十年或十年以上的汽车才必须接受这种检测，但1967年改为车龄在三年以上的汽车需受检，1994年增加汽车尾气排放检测。与此同时，检测项目近年来稳步增加，因此潜在需要更换的项目数量也在稳步增加。[22]消费者被迫更换产品，也可能不是因为产品坏了或有问题，而仅仅是因为操作或监管制度的改变使产品过时，从而失去作用。数字转换就是这样一个例子，即模拟电视广播转换为数字电视并被其取代的过程。在这类例子中，消费者不仅仅是被迫购买一种新产品，而是被迫购买一种新颖的产品。尽管有这些监管促使淘汰的例子，但有计划淘汰的主要形式仍然是生产商制造劣质和容易损坏的产品，而且这种现象近年来很可能变得更加普遍。

矛盾的是，造成这种情况的一个原因是发明了更加耐用和持久的材料。虽然这使得许多产品的预期寿命得以延长，但这并不符合制造商的利益，因为这会对其产品的销售产生负面影响。因此，有人认为，与过去相比，现在实际上更多地采用了计划报废的做法，因为制造商试图抵消因使用这些材料使产品寿命更长而可能造成的利润损失。第二个因素是维修和更换产品之间成本相对平衡的变化。许多产品的制造成本不断下降（主要原因是制造厂转移到劳动力廉价的地区），但维修成本却没有相应下降（主要原因是维修往往发生在劳动力昂贵的地区）。因此，鉴于制造商从经验中了解到消费者会认为更换破损产品比修理破损产品更划算，因此他们没有什么动力去设计一种不易破损的产品。最后，产品寿命的缩短意味着生产商在设计产品时根本没有必要考虑其使用寿命。不仅如此，这还意味着他们几乎没有动力花时间进行产品测试。因此，与其说产品在使用一段时间后就会失效，不如说人们根本就没有对其进行测试,以评估其坚固性或潜在的使用寿命。事实上,正如为Handspring、Palm、摩托罗拉和诺基亚等制造商提供测试软件的TestQuest公司执行副总裁普拉巴·戈皮纳特(Prabha Gopinath)所说:“据我所知,没有人对任何产品进行过详尽的测试……PDA、手机和任何软件都是如此”。[23]有鉴于此,为惠普等公司制造便携式设备和电脑的Pentagram Design公司的高级工业工程师达伦·布卢姆(Darren Blum)说:“开玩笑地说,我们设计的是垃圾。”[24]这一点也不令人意外。由于技术公司将精力集中在推出新产品上,而不是帮助客户保留现有产品,商品的快速周转自然导致了对测试的忽视。此外,鉴于其生产的产品生命周期较短,它们实际上很少或根本没有必要进行传统形式的计划报废,而可能会将重点放在采取措施防止客户维修其产品上,[25]或者确保其产品没有二手市场。

另一个与产品损坏或出现故障后的替代消费形式有关的重要方面涉及保修和担保问题。保修是制造商对故障产品提供维修或更换的承诺,而担保则更多的是对有关产品或服务达到客户满意程度的承诺。保修的有效期是有限的,而担保可以是无限期的,但通常也是在一定期限内有效。近年来,这两种担保的有效期越来越短。2002年,戴尔电脑公司将保修期从三年缩短为一年,而苹果电脑公司的iPod数字音乐播放器的保修期只有90天。越来越多的产品,尤其是电器和电子产品的保修期受到很大限制,例如,保修期只包括人工成本,或者只有在购买者支付额外的技术支持费用后才有效。[26]

虽然人们普遍认为有计划的报废是制造商剥削公众的一种玩世不恭的伎俩,使他们不得不频繁超出其需求购买商品,但这种批评并不总是合理的。因为生产一种有效寿命长达几十年的产品所需的成本可能不仅会使大多数人负担不起,而且如果顾客已经养成了出于时尚或风格的原因每隔几年更换一次产品的习惯,那么这种做法就毫无意义了。尽管如此,有证据表明,一些人正在努力抵制制造商强迫他们过于频繁更换产品的做法。[27]其中最著名的是发明了长明灯泡的贝内托·穆罗(Beneto Muros)和他的“无计划报废”(Sin Obsolescencia Programada)运动。[28]

在结束关于替代性消费的讨论之前,有两点重要限制条件需要说明。首先,消费者在购买更新或替代产品时,并不一定需要选购新品。他们可以选择购买二手商品——尽管从定义上来说,真正的一次性产品无法通过这种方式获取。正如前文所示,制造商不仅正通过各种手段确保产品无法重复使用,产品生命周期的不断缩短、更多未经充分测试的产品涌入市场,以及法规政策的调整,这些趋势都在共同削弱产品被循环利用的可能性,进而阻碍了消费者通过二手渠道获取替代品的可能。其次,存在不额外消耗地球资源、也不产生废弃物的替代性消费体验。例如改换新餐厅用餐(而非经常去的那家),或在无需额外出行的情况下,选择不同的度假目的地。尽管如此,无论是针对一次性产品还是耐用品,大多数情况下的替代性消费本质上都是一种强加于消费者的“新”的消费,而非源于消费者自身对“新”的偏好。相较而言,下文所述的另外两种消费形式——由技术创新或时尚潮流驱动的消费——更可能真正体现对“新”的主动追求。

创新驱动下的新事物消费

在上述的第二种对新事物的消费类型中，即消费被视为创新品的商品时，我们指的是购买产品时假定它们能以更有效、更方便或更令人满意的方式满足消费者的需求或欲望。大量的各类产品经常以这种方式向公众展示，要么是“新产品”，要么是“改进型产品”，有时甚至既是“新产品又是改进型产品”，尽管如前所述，严格地说，这是自相矛盾的。[29]在现实生活中，真正的投放新产品进市场的情况比较少见，所谓新产品是指一种发明，这种发明要么是找到了一种满足现有需要的新方法，要么是创造了一种满足以前不存在的需求的方法。例如，20世纪70年代末的索尼随身听（Walkman），或20世纪90年代基于全球定位系统的汽车卫星导航系统（Sat-Nav）。正如这两个例子所表明的，真正的新产品通常源于新技术的发展，而这一进程近年来似乎大大加快了。一个可供参考的指标是，全世界每年都有越来越多的专利申请；专利是指机器或工艺的注册，只要该机器或工艺不显而易见，就具有新颖性或改进性。[30]

然而，决定消费者接受真正的新产品的速度的关键因素并不仅仅是新技术的开发速度，还取决于消费者了解这些产品的速度。当然，通信技术的发明加快了这一进程。[31]其结果自然是新技术的采用速度比以往任何时候都快。例如，从1900年到1975年，整整用了70多年的时间，美国才有90%的人在家里装上了电话。然而，仅仅用了大约20年的时间（从1985年到2005年），美国就有90%的人拥有了手机。[32]这种对新技术的快速接受必然意味着制成品的典型生命周期在最近几年急剧缩短。衡量这一点的一个标准是，美国各行各业的公司年收入中至少有一半来自过去三年内推出的产品销售，[33]而白色家电的平均寿命已从2000年前的10至12年下降到现在的6至9年。本质上，正如《华尔街日报》的简·斯宾塞（Jane Spencer）所说：“产品越新，寿命越短：1979年售出的黑白电视机可以使用12年左右；而如今，最先进的液晶屏幕电视机5年后就要更换。笔记本电脑平均每16个月就要更换一次，而手持式记事本估计只能用2年。”[35]正如最后两个例子所示，产品的快速更新换代在电子产品这样的领域尤为明显，像英特尔这样的公司甚至还没开始销售上一代产品，就已经开始着手生产下一代产品了。但是，制药业和纳米技术领域也是如此，据估计，在美国，每周有3—4种相关新产品上市。[36]当然，其中有些产品可能只是旧产品的替代品，但即使产品总数保持不变，这仍然意味着新颖性。总而言之，市场上出现了更多的新产品，而且速度越来越快，被消费者采用的速度也比以往任何时候都快。

对于那些被称为“改进型”而非新产品的产品来说，情况也大致如此。内燃机的例子最能说明这一点。自被发明以来的130多年里，内燃机一直在不断发展，最新型号的机器一般都比以前的机型动力更强、噪音更低、更耐用、污染更少、更高效、更安全，而且这种改进的速度几乎没有放缓的迹象。值得注意的是,绝大多数被称为“新”的产品并不是真正意义上的新产品;事实上,大多数被称为“改进”的产品也不配拥有这一标签。这是因为在大多数国家,政府法规只要求产品或其包装在功能上稍有改变,就可以被称为“新产品或改良产品”。就包括饮料在内的大多数食品而言,这一标准很容易达到。生产商只需对特定成分的比例稍作改动即可。例如,多一点或少一点盐或糖,就足以在产品上贴上这样的标签。[37]这种虚假的改良在很大程度上似乎是由于制造商担心消费者会对“老产品”感到厌倦,如果自己的产品不能经常以“新产品和改良产品”的形象示人,消费者可能会转而购买竞争对手的产品。此外,消费者还认为市场上销售的产品应该不断“改进”,供应商也有义务满足消费者的这种期望。然而,在这种情况下,我们可以说,消费者真正消费的是新产品或改进产品的概念或印象,而不是实体产品。

新技术的快速应用,尤其是在像电子产品这样的领域,有一个重要特点,这一特点与上文关于计划性淘汰的讨论有关,即现有产品可能很快就无法使用。在某些领域,体现旧技术的产品仍然可以与新技术一起使用——例如,人们仍然可以继续使用钢笔而不是改用圆珠笔——而在其他领域,新技术取代旧技术的方式实际上是使旧技术过时,通常是通过让使用旧技术所需的设备退出市场。例如,DVD使录像带过时。这种情况在电子产品中尤其明显,数字淘汰现象非常普遍,即“由于物理介质、读取介质所需的阅读器、硬件或运行于介质上的软件不再可用,数字资源不再可读”。这种情况越来越普遍,有些生产商甚至故意这样做。例如,电脑软件生产商微软公司在推出新的文件格式后,确保不再支持消费者已经拥有的旧版本。这种做法就是所谓的“系统性淘汰”的一个例子,当然,它本身也是计划性淘汰的一个分支。

虽然这些技术可能会迫使一些消费者购买体现“新”或“改进”技术的产品,但显然也有许多人不需要这样的强制推销。这些人是技术发烧友或数码产品迷,他们已准备在全球各大城市的苹果专卖店外排队长达53小时,只为在第一时间买到最新款iPad或iPhone。[39]对于这些人来说,拥有最新的此类设备会让他们有一种“新的占有冲动”,[40]而他们从能够购买最新的高科技设备中获得的真正乐趣是毋庸置疑的。不过,应该指出的是,这些高科技产品的生产商有时确实会遇到这样的问题,即如何满足技术发烧友高度专业化但又执着的需求,以及如何满足那些对产品要求不高但数量却大得多的受众的需求。[41]

时尚驱动下的新事物消费

上文概述的第三类对新产品的消费指的是以新颖性而非新鲜感或技术创新为驱动力的消费形式,当然,相关产品也可能同时具有前两种特性。然而,就消费者而言,这里的美学是主要考虑因素，口味是选择的主要标准。然而，正如在其他形式的消费中所指出的那样，近几十年来，这种形式的消费也在明显加速。这一点在服装方面表现得最为明显，但必须牢记的是，时尚因素适用于比服装大得多的零售产品。当西方时尚模式在19世纪中叶形成时，其标志着从一种时尚风格到另一种时尚风格的品位变化最快也要一年一次。[42]然而，第二次世界大战后，随着“时尚周”在巴黎、米兰、伦敦和纽约等西方主要首都城市举办，时尚开始每年变化两次。在这些时装周上，主要设计师或高级时装公司可以展示他们的秋冬或春夏时装。不过，近几十年来，越来越多的设计师开始在这两个主要时尚场合之间举办跨季时装发布会，主要是为了缩短顾客等待新一季服装的时间。[43]不久以前，由于从设计、生产到将新服装运往零售店销售至少需要四个月的时间这一基本事实，以这种方式缩短时装季节的程度受到了限制。但现在情况不同了，由于采用了新技术，再加上商店会即时反馈哪些产品畅销，哪些产品滞销，顾客也会更多地参与反馈过程，意味着现在可以把时间缩短到几周。因此，Primark夸耀说，一旦确定了一种款式，最快也要六周时间才能送到商店，而Zara则拥有自己的制造和分销部门，可以在两周内将受T型台启发的商品送到商店。[44]因为现在情况是这样的，正如威斯敏斯特大学时装课程主任安德鲁·格罗夫斯(Andrew Groves)所说：“我们生活在一个快节奏的社会。今天伦敦时装周上的图片今天就会出现在互联网上。一切都转化得更快，我们想要的也更快，时装也更快地进入了商业街。”[45]

这种“快速时尚”的一个自然结果是，消费者购买的衣服比以往任何时候都多，部分原因是近几十年来服装变得更加便宜，部分原因是我们可以称之为服装“衣橱寿命”的时间变得更短。在过去的40年至50年间，服装的价格变得越来越便宜，这一点体现在：尽管英国女性在服装上的支出占总支出的比例基本保持不变(为5%至6%)，但服装总的数量却在不断增加。这是因为在此期间，服装的价格实际上降低了约70%，主要原因是远东地区的生产大规模扩张。[46]事实上，这种增长主要发生在过去20年，2011年在英国进行的一项研究显示，平均每位女性在一年内购买的服装占其体重的一半(约62磅)，是20年前的4倍。[47]自然，购买服装数量的增加也意味着丢弃服装数量的增加，因为消费者会丢弃旧服装，以便为最新购买的服装腾出空间。[48]

与此相关的另一个因素是，每年都有越来越多的人追赶时尚。这一点在发展中社会也许最为明显，因为这些社会日益富裕，使得追赶时尚成为可能。例如，中国的时尚市场正以惊人的速度增长。事实上，有报道称中国的一些年轻消费者(25岁以下)已经将更多的可支配收入用于时尚品消费。[49]在西方社会中，也有越来越多的人追随时尚，这主要是通过发展以前被认为对时尚不感兴趣的人群来实现的。例如，年龄段两端的人越来越多地开始对时尚产生兴趣。因此，六七十岁的妇女，在前几代人中通常已经习惯了固定的着装模式，而现在却热衷于穿着最新的时装，包括最新的配饰。在英国，这种现象被称为“Twiggy效应”，源于20世纪60年代的一位模特，她是Marks and Spencers的广告代言人。正如朱莉娅·特维格(Julia Twigg)教授所总结的那样：“75岁以上的女性现在比她们在20世纪60年代年轻时更频繁地购买服装。”[50]时尚的吸引力还延伸到了年龄范围的另一端,少女甚至未成年少女的时尚意识越来越强,越来越早地使用化妆品,并在着装方面受到流行明星和名人的影响。[51]最后,还有证据表明,与几十年前相比,现在男性在时尚市场中的地位更加重要,在某些地区,男装需求的增长速度甚至高于女装。[52]

总 结

近几十年来,市场上出现的产品总数明显增加,其中一次性产品和使用寿命有限的产品都有所增加。与此同时,那些通常不被视为一次性产品的产品生命周期也明显缩短,因此,商品的周转量增大,废弃物的产生量增加。这不仅体现在那些具有审美意义的产品上,也体现在那些具有技术性质的产品上,因为数字过时与快速时尚相遇。此外,全世界每年都有越来越多的人变得足够了解这种现代消费方式,且随着传统的年龄和性别障碍被打破,更多的人群也被时尚吸引。从这个角度来看,我们可以把当前的过度消费现象看作各种形式对新事物的消费的显著增长,即被视为新鲜的产品、技术创新的产品以及时尚产品的消费都在增长。

事实上,这些特殊的区别似乎正在逐渐被打破,新产品的消费变成了三者的融合,技术创新与替代消费和追随时尚的理念融合在一起,通过制造商依次给产品贴标签的程序,这种做法实际上已经制度化了。因此,产品被称为“第一代”或“第二代”等,甚至在实际销售中还附有编号。因此,iPad 5取代了iPad 4,《侠盗猎车手5》取代了《侠盗猎车手4》。同时,这些模式变化之快也表明,也许用不了多久,一些技术产品的生命周期就会像快时尚中任何一种款式的生命周期一样短。[53]所有这一切都引发了两个关键问题:是什么在推动这种对新事物消费不断增长的进程;鉴于它对真正可持续发展社会的明显威胁,能否阻止或至少减缓这一进程?

造成过度消费的原因

上述讨论表明,造成这种现象的两个因素是技术进步和产品价格的逐步下降。科技进步使得新产品能够在更短的时间内被源源不断地投入市场,而价格下降则使得越来越多的消费者能够购买这些产品。事实上,这两个因素是相辅相成的,因为没有低廉的价格,新产品就没有大众市场,而没有大众市场,生产商就没有动力投资于研发,从而创造出新产品。

遗憾的是，这种解释并没有立即提出解决问题的明显办法。不过，它确实表明，把新产品消费加速所导致的过度消费问题主要看作个人行为问题显然是错误的。因为，尽管一些环境学家和社会学家似乎认为，只要个人遏制购买新事物的倾向，这个问题就可以得到解决，但这种观点显然是幼稚的。新技术的出现并不只是因为有一些技术狂热者对市场上出现的每一种科技产品都趋之若鹜；新的时尚也不会仅仅因为某些消费者是时尚的忠实追随者而出现；最不可能的是，超市货架上出现标有“新的和改进的”产品，也不仅仅是因为购物者已经厌倦了他们习惯购买的“旧的和未经改进的”商品。事实上，消费新产品的趋势明显不断增长，这既不是因为消费者贪得无厌，无法控制自己的喜好或有强迫症，也不是因为肆无忌惮的生产商和销售商对产品的设计和展示让人们别无选择，只能购买。如果只把责任归咎于供求关系中的一方，那就大错特错了。显然，供需双方在这一过程中都有自己的责任，消费者决心更新和淘汰电子产品，或追赶最新的潮流或时尚，而生产商也决心生产生命周期越来越短，必然需要不断更换的产品。从这个意义上可以说，这一过程中的双方都被锁定在越来越紧密的制度怀抱中。尽管现代消费者渴求新奇，他们对新的产品和新奇事物的偏爱是他们产生新需求的核心动力，[54]但制造商要想保持竞争力，也同样不得不对新产品或改进产品进行规划。

而且，政府也必须承担起将新产品引入市场的责任，因为政府决定着商品销售的监管框架，以及指导工业研发的财政和金融框架。事实上，政府通过各种机构直接资助了大量的研究工作，这些研究工作导致了新技术的开发，从而创造了新产品，美国国家航空航天局(NASA)所做工作的大量衍生产品就是一个很好的例子。[55]

转而拥抱旧事物能否减缓新事物的发展?

最后一个例子直接揭示了一个明显的难题：若试图阻止或减缓上述进程，必将面临巨大阻力。因为新技术的快速普及很大程度上是由科学进步推动的，而即便存在可行性，人们也几乎不会愿意遏制这种进步趋势。科学的前进显然带来了诸多裨益，以医学领域为例——公众始终真切期待着治疗手段的突破和新药研发能延续过去百余年来的发展态势。显然，没有人希望科学认知的进程停滞不前。同样难以想象的是，人们会愿意延缓或中止对自然与世界运行规律的探索。事实上，恐怕没有人会为了减缓新产品涌入市场的速度，就甘愿放弃科学所带来的认知进步。更何况，这些新产品中恰恰包含着提升可持续发展能力的关键发明，如节能灯泡和太阳能电池板——这意味着全盘否定技术进步绝非明智之举。值得注意的是，若真能切断消费者获取新产品的持续渠道，这种做法本身也必将产生诸多负面影响。

在现实生活中,并没有太多的例子可以说明当消费者无法获得不断涌现的创新产品时会发生什么,因此,1962年美国对古巴实施出口禁运时,古巴消费者的经历就很有意义。由于当时古巴的大部分汽车都是美国制造的,这些汽车的车主无法获得新车型,因此只能尽量延长现有汽车的使用寿命。时至今日,人们在古巴仍能见到这些“美国古董车”,即20世纪50年代的雪佛兰、福特和道奇汽车,它们通常被用作出租车。[56]这似乎是一种可持续做法的极佳范例,也就是说,将产品的使用寿命延长至最后一刻,而不是每隔几年就换一种新车型。在这方面,让汽车在路上行驶超过50年的做法与当代美国人平均每三年更换一次汽车的行为明显不同。然而,这种表面上的可持续性却要付出高昂的代价,那就是这些古巴老式汽车与现代汽车相比,非常不省油,污染严重,而且相对不安全。

同样,有人认为可以放慢甚至阻止新潮流或受美学影响的产品进入市场,这其实也是一个难题。不可否认的是,最近的一些趋势乍看之下确实指向了这个方向,尤其是拥抱复古或古董时尚的举动,这一举动通常被视为更广泛的生态时尚运动的一部分。[57]然而,这里也存在一些问题和矛盾。首先,成本就是一个问题,因为虽然有些二手服装可能很便宜,但真正的复古服装要想生存下去,就必须要制作精良,这就导致了价格的上涨,同时,与现代廉价的大规模生产的服装相比,这类服装的供应必然受到限制,这也往往会抬高价格。更有甚者,由于供应受限,一些商业街上的零售商推出了自己的“复古参考”或“复古风格”产品,即以早期着装风格为蓝本的全新服装。[58]当然,这告诉我们的是,青睐复古服装的趋势本身就是一种时尚或流行,很可能会像它出现时一样迅速消亡。[59]当然,从逻辑上讲,如果购买古董时装要成为一种固定下来的长期趋势,而不仅仅是一种过眼云烟,那么人们当然必须继续购买新产品。

事实上,从这些例子中我们可以看出,重旧轻新并不能解决目前人们对新产品日益增长的需求。就真正的旧物品而言,也就是我们可能想称之为古董的物品而言,其直接后果仅仅是由不可避免的供应限制而导致其价格上涨。然后,作为对这种短缺的自然反应,仿制古董或复制品应运而生,以帮助满足需求,从而使旧物再造成为一种新的商业活动。此外,要么旧事物足够新,足以引起怀旧情绪,这反过来又为旧事物的版本创造了新的市场,如经典电影的重拍或经典歌曲的新版本;要么旧事物在时间上如此遥远,以至于被视为异国情调,即新奇或与众不同的事物。因此,重视过去似乎并不能解决对新事物消费不断增长的问题。

重视新事物如何成为西方文明的核心

我们已经注意到,科学重视新事物和新颖性。事实上,没有持续不断的新发现,科学就不可能进步,即使真正的新发现也相对较少。学术界也是如此,它同样依赖于源源不断的新数据、新见解和新认识。值得注意的是,博士学位的定义是"候选人完成的大量原创性工作",[60]而全世界的大学每天都在授予越来越多的博士学位。[61]这种对新事物的明显推崇同样适用于艺术领域。因此,无论是建筑、绘画、文学、音乐、戏剧还是电影,都会发现人们对"最新事物"或任何被认为是"开创性"或前卫的事物同样着迷。大众文化也是如此,无论是书籍、电影、歌曲还是电脑游戏,而有趣的是,现代西方社会最流行的读物形式是一种被称为"小说"(novel)的体裁,据估计,仅英语小说每年就出版10万部左右。[62]正如这一体裁的名称"新颖"所暗示的那样,即使大多是套路,这些内容也被认为是新的,即新鲜的。每年进入英语语言的新词数量也在加速增长。[63]每年电影产量[64]、原创歌曲数量以及iTunes下载量也在加速增长。[65]在这些层出不穷的新文化产品中,评论家、媒体把关人、出版商、宣传人员乃至零售商,都在不断寻找"下一个爆款"——无论是必看的电影、必读的小说、必听的组合或歌手,还是时尚界的下一件"必入单品"。

我们很难忽视这样一个事实:所有形式的媒体,无论是广播、电视、报纸,还是互联网上的各种社交网络,都被一种叫作"新闻"的东西所主导,也就是说,被"新收到的或值得注意的信息所主导,尤其是关于最近发生的或重要事件的信息"。[66]这种产品也是当代人对新奇事物上瘾的一个很好的例证,越来越多的人急于通过这种连续的数字数据流获取最新的信息,以至于电脑或智能手机被称为电子可卡因的供应者。[67]然而,人们往往会忘记,近几十年来,随着20世纪80年代24小时新闻的出现,以及随之而来的电视频道专门提供的"不间断、实时、现场直播新闻流",人们的消费速度在加快。[68]

最后,在一个如此痴迷于新事物的文化中,出现定期的热潮或时尚也许并不奇怪,热潮是指"对某一特定活动或物品的狂热,通常会获得广泛但短暂的流行"。[69]这些热潮可以在生活的各个领域找到:健康饮食热潮、舞蹈热潮、游戏热潮,甚至玩具热潮。并且,新的数字媒体极大地助长了这些热潮的兴起和迅速蔓延。

如何应对这种加速消费新事物的问题?

如前所述,消费者靠自己的力量似乎不可能阻止这种对新事物明显失控的消费。但这并不意味着所有消费者的反抗都是毫无意义的,因为在个别情况下,消费者的反抗可能会迫使制造商改变他们的行为。[67]只是这些行为不太可能对整个系统产生影响。对制造商来说也是如此,他们可以通过制造经久耐用的产品[68]或推出有助于减少浪费的以旧换新计划(尽管许多此类计划只是营销手段)来帮助消费者。但是这两种做法都不可能对新产品的总体消费水平产生多大影响。当然,能够立即降低目前新产品高消费水平的一项创新,就是让新产品的价格反映其制造的真实成本,即对地球上生物多样性乃至我们后代的生活质量所造成的真实影响。人们已经对负责生产这些产品的工人的低工资和令人无法接受的工作条件普遍感到担忧。但是,如果除了采取行动提高他们的工资和改善他们的工作条件之外,还采取行动,将对环境和当今及后代人的健康和福祉造成的实际成本纳入其中,那么,上面讨论的大多数产品就不会再那么便宜,不会再被当作完全一次性的产品,也不会仅仅是一系列预期购买中的最新产品。

当然,这种行动只能由这种新产品消费的关键第三方,即政府来采取;或者,在这种情况下,由全球主要工业国家的政府采取一致行动。事实上,政府已经通过贸易标准局等组织控制了市场,这些组织的存在是为了执行消费者法规。同时政府还监管贸易,控制竞争,当然还通过对商品和服务征税来影响市场活动。通过这种方式,政府对销售什么、在什么条件下销售,甚至在什么程度上以什么价格销售都有相当大的控制权。至于他们是否有政治意愿进行必要的改革,以限制或减少新事物的加速消费对可持续发展构成的威胁,则是另一回事了。这种对新事物和新奇事物的极端重视似乎已经在西方文明的基因中了(Campbell, 2007)。西方文化的一个基本特征似乎就是追求新颖、前沿、时尚、超现代或最先进的东西;发现和探索,钻研未知事物,甚至是去前人未曾去过的地方。它既是我们骄傲的源泉,又是一种诅咒(因为我们明显贪得无厌),一种有可能使地球上的生命难以为继的诅咒。我们只能寄希望于寻求新事物的冲动也会带来新的方法,以摆脱它给我们带来的诅咒。

注 释

[1] Lynn White, ‘The Historical Roots of Our Ecological Crisis’, *Science*, New Series 155, no. 3767 (10 March 1967): 1203-1207; Bill Devall, Ethics and The Environment (2001); Bill Devall and George Sessions, *Deep Ecology: Living as If Nature Mattered*, Gibbs Smith (1985); Lewis W. Moncrief, *The Cultural Basis of Our Environmental Crisis*, American Association for the Advancement of Science (1970); R. G. Berry (ed.) *Environmental Stewardship: Critical Perspective, Past and Present* (T. & T. Clark, 2006).

[2] 本文的重点是新产品制造、购买和消费速度的加快。因此,这一过程可被视为“社会加速”这一更大现象的一部分,通常这个术语指总体上生活节奏的加快。见Hartmut Rosa, *Social Acceleration: A New Theory of Modernity*(Columbia University Press, 2013)。

[3] Colin Campbell, ‘The Desire for the New: Its Nature and Social Location as Presented in Theories of Fashion and Modern Consumerism’, in Roger Silverman and Eric Hirsch (eds.) *Consuming Technologies: Media and Information in Domestic Spaces* (London: Routledge, 1992), 48-64.

[4] 对“新”产品的理解还有其他方式。这里不考虑“市场新产品”和“法律新产品”;“新产品”也可以是“制造企业的新产品”,也可以是特定人群的新产品。请参阅“银色冲浪者”推动宽带普及的例子。Matt Warman, ‘Silver Surfers Driving Web Growth’, 2010年12月8日, http://www.telegraph.co.uk/technology/news/8186716/Silver-surfers-driving-web-growth.html, 2013年9月20日访问。

[5] 与此相关并可能导致此类消费加速的一个趋势是,大多数西方社会的离婚率都在上升。因为这往往会导致以前共享财产(包括非常重要的共同住宅)的夫妇需要有两套住所、两套家具和生活设备。

[6] 由此可见,这些产品几乎不可能再利用,也不可能进行一级或二级回收,尽管在某些情况下可能进行三级回收。不过,有些人确实在尝试重复使用一次性产品,参见Paul Michael, ‘21 Disposable Products You Can Re-Use’ (2012年3月14日).http://www.wisebread.com/21-disposable-products-you-can-reuse, 2013年9月23日访问。

[7] 这些都是被生产商、广告商或零售商称为“一次性”或“一次性使用”的产品。消费者本身并不一定认为这些产品是一次性的。另外,也可能有其他产品被消费者自己视为一次性产品,或被普遍视为一次性产品,即使它们没有被宣传为一次性产品。

[8] 关于“新鲜”概念及其如何成为现代食品生产和销售的核心特征的精彩讨论,见Susanne Freidberg, *Fresh: A Perishable History* (Belknap Press, 2010).

[9] 相比之下,销售截止日期的引入主要是为了零售商的利益,而不是为了影响消费者。目前,英国正在逐步取消这些规定。

[10] 药品上的“使用期限”也有大致相同的道理。

[11] 请参阅 Jessica Cruel Popsugar, ‘Get Organized This Week-end and Clean Out Your Old Make-Up’(2014年1月18日,2014年2月26日访问),该文展示了如何通过使用期限来促使消费者购买新化妆品。http://www.bellasugar.com/When-Throw-Makeup-Away-Guidelines-Cosmetic-Life-Span-112422。

[12] 事实上,一些一次性产品的保质期可能相对较长。例如,空气过滤器可以使用几个月后才更换。

[13] 甚至有可能出于环保原因而选择一次性产品来替代非一次性产品。例如,2005年英国政府发布的一份报告指出,传统的可清洗尿布并不比一次性尿布更环保。见Simon Aumonier and Michael Collins, Life Cycle Assessment of Disposable and Reusable Nappies in the UK, Environment Agency (May 2005). http://www.ahpma.co.uk/docs/LCA.

pdf(2005年5月), http://www.ahpma.co.uk/ docs/LCA.pdf,2013年9月26日访问。

[14] 一次性手机是用再生纸制造的,通话时间约为90分钟,只能打出。见Mary Bellis, ‘Disposable Cell Phone-Phone-Card-Phone: Inventor Radice-Lisa Altschul Creates the World's First Disposable Cell Phone’, About. Com Inventors. http://inventors.about.com/library/weekly/aa022801a.html, 2013年9月20日访问。

[15] 一次性用品通常很便宜,尽管在许多情况下,从长远来看,购买一种可长期使用的产品可能比购买一系列一次性用品更划算,但最初的支出可能会让一些买家望而却步。

[16] OWNI.EU, News Augmented, Technology, Politics, Culture, ‘Planned Obsolescence: How Companies Encourage Hyperconsumption’. http://owni.eu/2011/05/09/planned-obsolescence-how-companies-encourage-hyperconsumption/, 2013年9月19日访问。

[17] ‘Plastic Shopping Bag’, Wikipedia. http://en.wikipedia.org/wiki/Plastic_shopping _ bag, 2013年9月19日访问。

[18] Michael Smith (Veshengro), ‘Avoid Disposable Utensils and Paper Products’, Green (Living) Review (2011). http://greenreview. blogspot. co. uk/avoid-disposable-utensils-and-paper.html, 2013年9月23日访问。

‘Avoiding Disposable Products—What Are the Alternatives?’, ECOSimply, 2009年10月28日。http://ecosimply.com/avoiding-disposable-products-what-are-the-alternatives-993.html, 2013年9月23日访问。

Robyn Griggs Lawrence, ‘How to Avoid Disposable Utensils and Paper Products’, *Mother Earth News: The Original Guide to Living Wisely*, 2011年6月7日访问。http://www.motherearthnews.com/diy/tuesday-video-how-to-avoid-disposable-utensils-paper-products.aspx#axzz2ePXavcVX, 2013年9月23日访问。

[19] Clement Wong, ‘Planned Obsolescence: The Light Bulb Conspiracy’, ESSA, 2012年9月12日。http://economicstudents.com/2012/09/planned-obsolescence-the-light-bulb-conspiracy/, 2013年9月24日访问。

[20] OWNI. EU, News Augmented, Technology, Politics, Culture, ‘Planned Obsolescence: How Companies Encourage Hyperconsumption’. http://owni. eu/2011/05/09/planned-obsolescence-how-companies-encourage-hyperconsumption/, 2013年9月19日访问。也见Brian Clark Howard, ‘Planned Obsolescence, 8 Products Designed to Fail: Manufactur-

ers' Planned Obsolescence Costs Consumers and the Environment', *TheDailyGreen*. http://www.thedailygreen.com/environmental-news/latest/planned-obsolescence-460210#slide-1, 2013年9月19日访问。

[21] 在法国亚眠和斯特拉斯堡发生致命事故后，电梯制造商成功地做到了这一点。法国政府修改了法律，对全国的电梯进行了大规模的安全升级，耗资40亿至80亿欧元。然而，电梯的设计并没有问题，事故是由维护不善造成的。见OWNI.EU, News Augmented, Technology, Politics, Culture, 'Planned Obsolescence: How Companies Encourage Hyperconsumption'. http://owni. eu/2011/05/09/planned-obsolescence-how-compa - nies-encourage-hyperconsumption/, 2013年9月19日访问。

[22] 关于将测试间隔期从目前的三年延长至四年的建议引起了汽车零售业的强烈抗议，他们声称这将导致失业。见'Trade Bodies Lobby on MoT Changes', Motor Trader Magazine, 2011年4月19日。http://www.mot ortrader.com/latest-news/trade-bodies-lobby-mot/, 2013年2月23日访问。

[23] Jane Spencer, 'Companies Slash Warranties, Rendering Gadgets Disposable', *Stay Free Magazine*, 2002年7月16日。http://www. stayfreemagazine. org/public/wsj-planned-obsolescence.html,2013年2月23日访问。

[24] Jane Spencer, 'Companies Slash Warranties, Rendering Gadgets Disposable', *Stay Free Magazine*, 2002年7月16日。http://www. stayfreemagazine. org/public/wsj-planned-obsolescence.html, 2013年2月23日访问。

[25] 为了防止用户拆解设备(维修或更换电池)，苹果公司现在采用了防拆解螺丝设计。见Leander Kahney, "Is Apple Guilty of Planner Obsolescence?", Cult of Mac, 2011年1月20日。http://www.cultofmac.com/77814/is-apple-guilty-of-planned-obsolescence/, 2013年9月19日访问。

[26] Jane Spencer, "Company Slash Warranties, Rendering Gadgets Disposcable", *Stay Free Magazine*, 2002年7月16日。http://www. stayfreemagazine. org/public/wsj-planned-obsolescence.html, 2013年2月23日访问。

[27] Jonathan Feldman, "Apple's Planned Obsolescence: Customer Revolt Brews", *Information Week*, 2012年6月22日。http://www.informationw eek.com/global-cio/interviews/apples-planned-obsolescence-customer-rev/240002583, 2013年2月20日访问。

[28] Miriam Valero, 'The Fight Against Consumerism and Planned Obsolescence: The

Everlasting Light Bulb People’s Trust Toronto’, 2013 年 5 月 31 日 。http://www.globalresearch.ca/the-fight-against-consumerism-and-planned-obsolescence-the-everlasting-light-bulb/5336950, 2013年2月20日访问。

[29] Main/New and Improved’ TV Tropes. http://tvtropes.org/pmwiki/pmwiki.php/Main/NewAndImproved,2013年2月22日访问。

[30] *World Patent Report: A Statistical Review—2008 edition*, WIPO. http://www. wipo. int/ipstats/en/statistics/patents/wipo_pub_931.html, 2014年2月26日访问。

[31] 例如,从2008年到2011年,仅用了三年时间,美国民众对“Twitter”这一平台的认知度就从5%上升到了92%。‘5 Factors that influence Adoption Rates’, *On Digital Marketing*, 2012 年 1 月 25 日 。http://ondigitalmarketing. com/textbook/foundations/factors-that-influence-technology-adoption-rate/, 2013年2月26日访问。

[32] Catherine Mulbrandon, “Adoption of New Technologies Since 1900”, *Visualizing Economics*, 2018 年 2 月 18 日 。http://visualizingeconomics. com/blog/2008/02/18/ adoption-of-new-technology-since-1900, 2013年2月26日访问。

[33] Karsten Horn, ‘The Product Life Cycle Is in Decline’, *Opinion—Outsourcing— Sourcing Focus*. http://www. sourcingfocus. com/site/opinionscomments/6458/, 2013 年 2 月 27 日访问。

[34] Sylvain Lapoix, ‘Planned Obsolescence: How Companies Encourage Hyperconsumption’, OWNI.eu, News, Augmented, 2011 年 5 月 9 日 。http://owni.eu/2011/05/09/planned-obsolescence-how-companies-encourage-hyperconsumption/, 2013年2月23日访问。

[35] Jane Spencer, ‘Companies Slash Warranties, Rendering Gadgets Disposable’, *Stay Free Magazine*, 2002 年 7 月 16 日 。http://www. stayfreemagazine. org/public/wsj-planned-obsolescence.html, 2013年2月23日访问。

[36] ‘New Nanotech Products Hitting the Market at the Rate of 3-4 Per Week’, *News Archive*, 2008年4月24日。Nanotechnology Project. http://www. nanotechproject. org/news/archive/6697/, 2013年2月27日访问。

[37] 以“卫生棉条”(Tampax)为商品名销售的卫生洁具就是一个典型的案例。在这个案例中,生产商向市场推出了一种表面上看似“新的、改进的”产品,但在一个标准包装盒中包含了更少的卫生棉条,其结果是销售量下降。由于这一消息的影响,又推出了一种“新的改进型”产品来取代它。不过,新产品的包装盒中卫生棉条的数量与原

来相同。'Main/New and Improved', TV Tropes. http://tvtropes.org/pmwiki/pmwiki.php/Main/NewAndImproved, 2013年2月22日访问。

[38] 'Digital Obsolescence', *Wikipedia*, 2013年2月26日访问。

[39] 'Dedicated Followers of Gadgets: Lucky Few Get the First Prized Consoles as iPad 2 Goes on Sale in the UK', *Daily Mail*, 2011年3月28日。http://www.dailymail.co.uk/sciencetech/article-1369835/Thousands-queue-London-world-iPad-2-goes-sale.html, 2013年3月4日访问。

[40] Josh Bethel, 'The Urge—A Desire for the Newest Technology', Blog Clove, 2013年8月4日。http://blog.clove.co.uk/2013/08/04/the-urge/, 2014年8月12日访问。

[41] Alex Wilhelm, 'Microsoft Tells Windows Phone Fans to Chill in response to Complaints, More Updates Coming This Year', Tech Crunch, 2013年7月23日访问。http://techcrunch.com/2013/07/23/microsoft-tells-windows-phone-fans-to-chill-in-response-to-complaints-more-updates-coming-this-year/, 2014年8月12日访问。

[42] Colin Campbell, 'The Modern Western Fashion Pattern, Its Functions and Relationship to Identity', in Ana Marta Gonzalez and Laura Bovone (eds.) *Fashion and Identity: A Multidisciplinary Approach* (London: Berg, 2007), 9-22.

[43] 'Fashion', *Wikipedia*, 2014年8月10日访问。

[44] 'From Catwalk to High Street', Ruck Retail Solutions, 2012年9月19日。http://ruckretailservices.blogspot.co.uk/2012/09/with-london-fashion-week-having-ended.html, 2014年8月10日访问。

[45] Denise Winterman, 'The Life Cycle of a Fashion Trend', Ruck Retail Solutions, 2009年9月22日。http://news.bbc.co.uk/1/hi/8262788.stm, 2014年8月10日访问。

[46] Tamara Cohen, 'Growing Old Stylishly', Mail Online, 2010年3月17日。http://www.dailymail.co.uk/femail/article-1258469/Growing-old-stylishly-Twiggy-proves-age-barrier-fashion-fans.html, 2014年8月14日访问。

[47] Paul Sims, 'Britain's Bulging Closet: Growth of 'Fast Fashion' Means Women Are Buying HALF Body Weight in Clothes Each Year', 2014年1月21日。http://www.dailymail.co.uk/femail/article-1389786/Britains-bulging-closets-Growth-fast-fashion-means-women-buying-HALF-body-weight-clothes-year.html, 2014年8月12日访问。

[48] 2008年在英国进行的一项研究发现，在5年的时间里，市政垃圾场中的纺织品垃圾

比例从7%上升到了30%。见 Rachel Shields, 'The Last Word in Disposable Fashion', The Independent, 2008年12月28日。http://www.independent.co.uk/life-style/fashion/news/the-last-word-in-disposable-fashion-1213847. html, 2014年8月12日访问。

[49] Ella Zhang, 'Fashion-Hungry Chinese Market Expected to Triple by 2020', 2011年7月22日。http://www.cnbc.com/id/43826546, 2014年8月14日访问。

[50] Tamara Cohen, 'Growing Old Stylishly: Twiggy Effect Proves Age Is No Barrier for Fashion Fans', *Mail Online*,2010年3月17日。http://www.dailymail.co.uk/femail/article-1258469/Growing-old-stylishly-Twiggy-effect-proves-age-barrier-fashion-fans.html, 2014年8月14日访问。

[51] Jane Pilcher, 'No Logo? Children's Consumption of Fashion', *Childhood* 2月18日, no. 1 (2011): 128-41. http://chd.sagepub.com/content/18/ 1/128.abstract, 2014年8月12日访问。

Divyar Kapoor, 'Young Divas Make Fashion Child's Play!', *Times of India*, 2008年6月22日。http://articles.timesofindia.indiatimes.com/2008-06-22/trends/27754949_1_girls-factor-peer-pressure, 2014年8月13日访问。

[52] Monami Thakur, 'Luxury Menswear Growing Twice as Fast as Womenswear', *International Business Times*, 2011年12月14日。http://www.ibtimes.com/luxury-menswear-growing-twice-fast-womenswear-382886, 2014年8月14日访问。

[53] 从2007年到2013年,iPhone共推出了7代产品。这意味着,该产品实际上每十个月就会推出一个新版本。

[54] Campbell, *The Romantic Ethic and the Spirit of Modern Consumerism* (Palgrave Macmillan, 2018).

[55] 'NASA Technologies Benefit Our Lives' NASA Spinoff (2008) Office of the Chief Technologist. http://spinoff.nasa.gov/Spinoff2008/tech_benefits. html.

[56] "Yank Tank"或"maquina"被用来形容如今古巴公路上的许多老旧车,通常是1957年的雪佛兰、1953年的福特或1958年的道奇。

[57] 自2007年英国乐施会(Oxfam)推出网上商店以来,在网站搜索栏输入"复古"的人大量增加,其网上销售额增加了400%。Emma Stewart, 'The Rise of Vintage Fashion', Urban Times, 2012年6月19日,2014年8月16日访问。

[58] Miss Selfridge's advertisement for Vintage Style. http://www.mis sselfridge.com/ en/msuk/

category/clothing-299047/vintage-style-299070? geoip=noredirect, 2014 年 8 月 14 日访问。

[59] Jo-Ann Fortune, 'Is Vintage Clothing passe?', *The Guardian*, 2012 年 1 月 27 日。http://www.theguardian.com/fashion/fashion-blog/2012/jan/27/vintage-clothing-passe, 2014 年 8 月 16 日访问。

[60] 'Doctor of Philosophy', *Wikipedia*, 2014 年 8 月 26 日访问。

[61] Geoff Maslen, 'The Changing PhD—Turning Out Millions of Doctorates', University World News Issue 266 (2013 年 4 月 3 日). http://www.universityworldnews.com/article.php?story=20130403121244660, 2014 年 8 月 26 日访问。

[62] Matt Wilkins, 'How Many New Novels are Published Each Year?', 2009 年 10 月 14 日。http://mattwilkens.com/2009/10/14/how-many-novels-are-published-each-year/, 2014 年 8 月 14 日访问。

[63] Alexander Atkins, 'Tag Archives: How Many Words Enter the English Language Each Year', Atkins Bookshelf, 2013 年 7 月 16 日。http://atkinsbookshelf.wordpress.com/tag/how-many-words-enter-the-english-language-each-year/, 2014 年 8 月 16 日访问。

[64] Eric M Armstrong, '50,000 Movies Are Made Every Year—Is That Too Many?', 2010 年 5 月 27 日。http://www.themovingarts.com/50000-movies-are-made-every-year-is-that-too-many/.

[65] Darrell Etherington, 'Charting the iTunes Store's Path To 25 Billion Songs Sold, 40 Billion Apps Downloaded and Beyond', *TechCrunch*, 2023 年 2 月 6 日。http://techcrunch.com/2013/02/06/charting-the-itunes-stores-path-to-25-billion-songs-sold-40-billion-apps-downloaded-and-beyond/, 2014 年 8 月 26 日访问。

[66] 'News' Wikipedia, 2014 年 8 月 24 日访问。

[67] Iain Thompson, 'Computers Are 'Electronic Cocaine' That Make You MANIC', The Register, 2013 年 1 月 14 日。http://www.theregister.co.uk/ 2013/01/14/computers_electronic_cocaine/, 2014 年 8 月 26 日访问。

[68] Stephen Cushion and Justin Lewis, *The Rise of 24-Hour News Television: Global Perspectives* (New York: Peter Lang Publishing, 2010).

[69] 'Craze', Wikipedia, 2014 年 8 月 23 日访问。

[70] ‘Forget Planking, Owling and T−bowing... The Latest Internet Craze Is Lion−Kinging’, Mail Online, 2012 年 2 月 4 日 。 http://www. dailymail. co. uk/news/article−2096416/Forget−planking−owling−Tebowing−The−latest−int ernet−craze−Lion−King−ing.html, 2014年8月26日访问。

[71] John Naughton, ‘Has the Revolt Begun Against Apple’s iPad App Fees?’, *The Guardian*, 2011年9月4日。http://www.theguardian.com/technology/2011/sep/04/apple−ipad−apps−subscriptions−revolt, 2014年8月26日访问。

[72] Tim Cooper, *Longer Lasting Products: Alternatives to the Throwaway Society*, Gower (2010). http://grist. org/list/four−innovations−that−will−make−the−future−less−wasteful/; SarahLaskow, ‘Four Innovations That Will Make the Future Less Wasteful’, Grist, 2012年6月4日, 2014年8月26日访问。

参考文献

Berry, R.G. (ed.) (2006) *Environmental Stewardship: Critical Perspective, Past and Present*. Edinburgh: T. &T. Clark.

Campbell, C. (1992) ‘The Desire for the New: Its Nature and Social Location as Presented in Theories of Fashion and Modern Consumerism’, in Roger Silverman and Eric Hirsch *Consuming Technologies: Media and Information in Domestic Spaces*. London: Routledge, 48-64.

Campbell, C. (2007) *The Easternization of the West*. London: Paradigm Publishers.

Cooper, T. (2010) *Longer Lasting Products: Alternatives to the Throwaway Society*. Aldershot: Gower.

‘Craze’, Wikipedia. Accessed 23 August 2014.

Cushion, Stephen and Justin Lewis (2010) *The Rise of 24—Hour News Television: Global Perspectives*. New York: Peter Lang Publishing.

Daily Mail Reporter (2012) ‘Forget Planking, Owling and T-bowing... The Latest Internet Craze Is Lion-Kinging’, *Mail Online*, 4 February. Accessed 26 August 2014.

Devall, Bill and George Sessions (1985) *Deep Ecology: Living As If Nature Mattered*. Salt

Lake City: Gibbs Smith.

Freidberg, Susanne (2010) *Fresh: A Perishable History*. Belknap Press.

Michael, Paul (2012) '21 Disposable Products You Can Re-Use', 14 March. http://www.wisebread.com/21-disposable-products-you-can-reuse. Accessed 23 September 2013.

Moncrief, Lewis W. (1970) '*The Cultural Basis of Our Environmental Crisis*', *Science* 508-512 (October 20).

Naughton, John (2011) 'Has the Revolt Begun Against Apple' s iPad App Fees?' *The Guardian*, 4 September.

Rosa, Hartmut (2013) *Social Acceleration: A New Theory of Modernity*. New York: Columbia University Press.

Warman, Matt (2010) 'Silver Surfers Driving Web Growth', 8 December. http://www.telegraph.co. uk/technology/news/8186716/Silver-surfers-driving-web-growth. html. Accessed 20 September 2013.

White, Lynn (1967) 'The Historical Roots of Our Ecological Crisis', *Science*, New Series, 155 (3767) (March 10): 1203-1207.

第 11 章

必需品问题：特殊时期对“需要”和“需求”的反思

导 言

在遏制冠状病毒大流行的斗争中，“必要的”(necessary)和“必需的”(essential)这两个词以及它们的反义词“不必要的”(unnecessary)和“非必需的”(non-essential)引起了人们广泛的关注。我们可以从世界各国政府禁止本国公民进行“非必需的旅行”(non-essential travel)这一事实中看出这一点，因为这被认为是阻止病毒传播的“必要”措施。此外，人们被要求待在家中，只有在为了“必要需求”(essential needs)的情况下才允许外出，而那些因为有新冠肺炎症状或怀疑自己可能有新冠肺炎症状而进行自我隔离的人，则被告知如何足不出户就能获得“必需品”(essential supplies)或“基本必需品”(basic necessities)，这些通常被限定为食品和药品。为此，“重要的零售商”(essential retailer)和相关“重要的企业”(essential businesses)被允许继续营业，而“重要的”(essential)或“关键的”(key)工作人员，如国家医疗服务系统工作人员、教师、送货司机和警察等则被允许继续工作。大多数应对大流行病的国家不仅鼓励或建议公民采取这些“必要”行动，而且这些禁令具有法律效力，任何不遵守禁令的人都将受到罚款甚至监禁的威胁。

现在，许多关于必要或必须的行为的禁令自然是出于控制病毒传播的需要，从而防止死亡，以及在许多情况下防止医疗服务不堪重负。然而，在另一种意义上，这些词语被用来证明世界各国政府采取的紧急措施是合理的。这涉及什么是人们在这些特殊情况下生存的“必要”或“必须”条件，或者更具体地说，什么是人们保持健康的“必要”或“必需”条件。正是出于这一考虑，以及应对大流行病的需要，我们才有理由将一些零售商、企业和工人(除卫生部门的雇员外)称为“必需的”。换句话说，被视为“必需的”的是确保即使在封控状态下也能满足人们基本需求的行动。鉴于人类普遍基本需求的概念长期以来一直是消费社会学辩论和讨论的核心问题，世界性大流行病造成的特殊情况(尽管是悲剧性的)有助于阐明这一复杂而重要的问题。

消费与需要/需求的二分法

长期以来，消费理论一直将人们的行为划分为以满足需求为目的的行为和以满足欲望为目的的行为，事实上，本书中的两篇文章也讨论了这种概念上的二分法：一篇文章展示了不同性别如何利用这种二分法来为其独特的购物方式辩护(Campbell，1997)；另一篇文章则展示了消费者在为其购买行为辩护的过程中如何将这种区分作为一种修辞手法来使用(Campbell，1998)。在围绕消费社会诞生的讨论中，我们也经常会遇到这种二分法，特别是考虑到后者经常被定义为一个消费者经常购买他们并不真正需要而只是想要的商品和服务的社会(Galbraith，1979；Bauman，2007)。此外，需求与欲望的划分也被用来描述现代社会的社会结构。在这种社会结构中，精英“有闲阶级”的区别在于他们除了有能力满足自己的需求(needs)，还有能力满足自己的欲望(wants)，而下层阶级只有足够的资金来满足他们的需求(Veblen，1925；Burrows & March，1992)。还有一派观点认为，这种区别蕴含在精神分析的等级制度中，一旦个人的“基本需求”得到满足，他们就会转向满足自己的“欲望”(Maslow，2011)。最后，值得注意的是，这种区分也是对现代消费社会环境进行批判的基础，其假设是，如果能够说服人们抑制当前满足欲望的习惯，转而只关注旨在满足需求的行为，就可以避免过度消费的危险(de Graaf & Waan，2014)。

虚假需求

所有这些论点的一个共同特点是假定在区分需求和欲望方面没有特别的困难。这一假定本身源于这样一种说法，即人类有一系列基本需求，因此任何不属于这一类别的需求都被视为“欲望”，或者更常见的“虚假需求”(a false need)。后一个术语起源于对现代社会的意识形态批判，其前提是可以明确什么是“美好生活”。这种理想可以用来确定唐·斯莱特(Don Slater)所说的“真实而客观的需求，即那些可以合理地重新构建的、与适当的人类生活相关的需求”(1997：52)。通过确定这些需求，我们就可以自信地将所有其他需求都定义为“虚假”或“不真实”的需求。然而，这个概念有两个明显的难点。首先，哲学家们很少就“美好生活”的构成要素达成一致,因此也很少就“真正需求”的共同清单达成一致;其次,这种方法未能充分区分需求和欲望的内在本质。根据定义,“需要”(need)是某种存在状态所必需的东西,因此,这种必要性与这种状态之间的联系通常是可以客观评估的。相比之下,“需求”(want)只是一种存在于个人内心的渴望或欲望的主观状态,因此无法进行客观评估。简单地说,一个人“需要”什么东西,可以由一个有适当资格的观察者来确定[1]:他们“想要”什么东西,则无法确定(尽管可以推断)。尽管有这一重要区别,那些对当代社会进行意识形态批判的人却经常把“欲望”作为“虚假需求”的例子。

人们知道自己需要什么吗?

虚假需求论的另一个问题是,它假定所有真正的需求都会自然而然地进入人们的意识。肯尼思·加尔布雷思支持这种假设——消费者不需要别人告诉他们需要什么,他区分了“紧急”需求和“非紧急”需求,“紧急”指的是“独立确立”(1979:143),与他人的活动或文化的限制无关。加尔布雷思的假设似乎是,对真正需求的意识是由个人内心自然而然地产生的,而非紧急需求则不同,是通过广告和营销等机构刻意制造出来的。他说:“如果必须花费如此之多来迫使消费者产生需求感,那么一种新早餐谷物或洗涤剂真的被如此渴求吗?”(同上)加尔布雷思没有认识到,大多数广告的目的与其说是迫使消费者购买一种普通产品(这里指早餐谷物或洗涤剂),不如说是迫使消费者购买一种特定品牌的产品,除此之外,这种论点也没有认识到,意识到自己有“迫切需要”并不等于知道如何满足它。这种论点被用来作为确定欲望的基础,而欲望被认为不是以同样的方式自然产生的,相反,它必须被创造出来(通常是通过广告的力量)。然而,这一假设也需要定性。在某些方面,这种情况似乎很明显。例如,人们不可能不知道他们缺少足够的食物来满足自己的需求,也不可能不知道他们缺少睡觉的地方,更不可能不知道他们冬天缺少御寒的衣服。可以说,这些需求会引起当事人的注意。同样,如果一个人生病了,或者牙疼了,在这种情况下,对医生或牙医的需要也会显现出来。[2]

这里的问题是,知道自己有需求并不一定就知道用什么来满足它。后者可能只能由专业人员来确定,而在最后两个例子中,专业人员要么是医生,要么是牙医。这一点很重要,因为它表明,需求往往必须由具备适当专业知识的人来客观评估。这一点与“欲望”形成了鲜明对比,“欲望”从定义上来说只能主观确定。然而,需求的本质常需客观确定,这就意味着人们可能并不知道自己有匮乏,也不知道自己实际上是“处在需要某些东西的状态”(in need)。一些传统上被认为是绝对必需品或“基本需求”的东西(如空气或水),也是如此。人们可能没有意识到,他们呼吸的空气受到严重污染,因而对他们的健康构成严重威胁。或者,他们唯一可以饮用的水看似安全,实际上却受到了污染。同样,孕妇可能没有意识到她们需要叶酸来预防婴儿出生缺陷,在室内待的时间太长的人也没有意识到他们需要维生素D来预防骨骼变形。[3]在这些情况下,当事人都不会“自然而然”地意识到自己“处在需要某些东西的状态”。

绝对贫困与基本需求

人们倾向于相信可以列出一份人类基本需求清单,原因之一是列出这样一份清单并不困难,因为个体为了生存必须拥有空气、水和食物。此外,我们还可以合理地认为,住所也应被列入这一清单。然而,即使是这样一个显而易见的说法也存在问题。例如,对满足每种需要所需的必需品的相关数量和质量就不太清楚。例如,多少食物才算足够?食物的构成又必须有多大差异?那些为消除贫困而奋斗的人们长期以来一直在设法解决这个问题。[4][5]正如阿马蒂亚·森(Amartya Sen)所承认的,这个问题,即确定什么是“绝对匮乏”或“绝对匮乏的不可缩减的核心”,一直困扰着所谓的以基本需求为基础的贫困界定方法。他提出的解决方法是,当我们可以观察到一个人正在遭受“看得见的困难”时,就可以确定这一点(Sen,1983:12)。或者,如果反过来看,如果一个人没有受到任何“重大伤害”,他的基本需求就可以说是得到了满足(同上)。然而,正如我们刚才所看到的,伤害可能并不总是显而易见的,或者说并不总能被受到伤害的个体所认识到,直到后续的影响显现出来。因此,即使是确定所谓的“绝对贫困”,即人们的“基本需求”得不到满足的情况,也并非易事。

需求与相对贫困

但是,如果一个人的生活中只有生存所必需的东西,那他的生活就很难有价值。因为,从人性本质而言,作为人类,某些社会、文化和心理需求也必须得到满足。对教育和某种程度的医疗保健的需要就是明显的例子,与他人接触的需要也是如此。这种区别,一方面是一个人生存所必需的,另一方面是大多数人认为过上可接受的生活所必需的,在英国得到了承认,即维持生计的工资和最低工资之间的区别,前者被定义为“工人满足其基本需求所必需的最低收入”,而后者被定义为“足够维持基本但体面的生活水准而不需要政府补贴的金额”(维基百科“生活工资”词条)。然而,以这种方式扩大人类需求范畴有一个明显后果:需求范围的界定取决于更广泛的社会形态,使其成为主流规范的参数。社会指标委员会认为“贫困的衡量标准应与人们在多大程度上拥有充分参与被视为社会公认正常生活的资金相关”(Butler,2018),这一点非常明确。换句话说,相对贫困是指那些负担不起通常的生活设施和活动的人(Townsend,1979)。维基百科“贫困”页面的匿名作者随后提供了一个例子,说明这种与规范的关系在实践中可能意味着什么。他(她)写道,“相对贫困”是指:

> 一个人与同一时期、同一地点的其他人相比,无法达到最低生活水平,就会出现相对贫困。因此,不同国家或不同社会界定相对贫困的门槛是不同的。例如,如果该地区几乎所有人都住在现代化的砖瓦房里,那么一个买不起比在空地上搭建小帐篷更好的住房的人就可以说是生活在相对贫困之中,但如果其他人也都住在空地上的小帐篷里(如在游牧部落),那么这个人就不能说是生活在相对贫困之中。

这种对贫困的规范性定义的一个有趣特点是,它没有考虑到那些被贴上“贫困”标签的人的主观评价。那些被判定为缺乏资金“无法充分参与被视为社会公认正常生活”的人,究竟在多大程度上认为自己是“穷人”,我们不得而知。当然,那些确实拥有这些资金的人在多大程度上认为自己是“穷人”也是未知数。属于前一类的人可能并不愿意把自己与“生活在同一时间和地点”的其他人进行比较,而是完全使用另一个参照点。举例来说,如果他们把自己所处的社会放在更早的时间点上,或者完全放在另一个社会中,那么他们对自己的“贫困”程度的评估就会大相径庭。例如,个人可能会把自己出生的社会作为比较点,并得出结论,与父母在他们这个年龄段所经历的生活水平相比,自己有多“富裕”。另外,刚移民到一个更富裕国家的人们也可能得出结论,与他们离开的社会中的人的生活水平相比,他们相对“富裕”。最后,人们即使缺乏那些被普遍认为是“人人都需要”的东西,也仍可能认为自己享有特权,这也并非不可能,因为在某些地方总会有一些人拥有的东西更少(例如,那些住在低于标准的简陋住房中的人可能认为自己比那些无家可归、流落街头的人“生活得更好”)。当然,如果不是与特定时空的其他社会成员进行比较,而是与地球上目前活着的所有人类进行比较,那么即使是现代发达社会中最贫穷的成员也可能得出结论,他们没有什么“需求”。

如果用于界定贫困的标准确实因国家而异,那么这些标准也会随着时间的推移而变化。美国的盖洛普基本生活指数(Gallup's Basic Access Index)和救世军人类需求指数(The Salvation Army's Human Needs Index)都记录了这种变化(Mendes,2011)。不过,皮尤研究中心(Pew Research Centre)提供的证据或许最能说明美国人的生活必需品类别是如何随时间推移而变化的。例如,皮尤研究中心2006年对大多数美国人认为“生活中不应缺少的东西”进行的调查显示,在1996—2006年的十年间,大多数美国人不再认为微波炉或空调是奢侈品,而是将其视为“必需品”,这意味着缺少这些设施的人可以说是“贫困”。有趣的是,发达社会中的人们认为“人人理应享有”的物品清单中,还包括除物质产品以外的物品,如约瑟夫·朗特里基金会(Joseph Rowntree Foundation)1999年所说的“社会义务、习俗和活动”,如爱好或休闲活动、庆祝圣诞节的能力、探望住院亲友,以及与亲友聚餐。

需要的规范定义与专家的定义

很明显，这种以规范为基础来确定需要的方法与前文概述的专家意见对需要的概念化有着明显的不同，因为“人人理应享有”并不直接等同于“每个人为了过上健康而充实的生活而需要的东西”。如前所述，后一种方法主要侧重于预防伤害，其形式是仔细研究人们生活的环境及其主要生活方式中可能对其身心健康构成威胁的那些方面。通过这种方法确定的“需求”可能并不等同于为使个人能够以当时社会认为可以接受的生活方式生活而确定的“需求”，这一点是显而易见的。当然，它们之间也会有一定程度的重叠，这就又回到了人类基本需求的概念上，如食物、水、住所等。但是，一旦我们开始拉长这个清单，两者必然开始出现分歧。要么，科学认为健康快乐生活“必需”的东西可能并不包括在现行的社会规范中；要么，在社会中已足够普及并成为规范的产品和服务可能并不能满足真正的需要。事实上，规范性的东西实际上可能是有害的。

吸烟就是一个很好的例子，它在20世纪早中期非常普遍，成为社会正常生活的一部分（至少对男性而言）。在第一次世界大战中，人们认为除了面包或茶等“真正”的必需品之外，在士兵的口粮中加入香烟也是必不可少的。换句话说，香烟被认为是“人人理应享有”的东西。[6]这个例子说明了一种真实的可能性，即一种产品或一种做法可能获得“人人理应享有”的地位，即使它不能满足人类真正的需要。除了相关产品可能会使人上瘾（如烟草）之外，这种情况还有可能由于时尚的影响或地位的考虑而发生。不管是什么原因，有证据表明，大多数人拥有的物品并不一定属于必需品，即使是由受访者自己来判断也是如此。约瑟夫·朗特里基金会1999年的贫困与社会排斥调查显示，尽管80%的受访者拥有“新的而非二手的衣服、一台录像机、一件睡衣和一个微波炉”，但他们并不认为这些是“必需品”。因此，重要的是，公民自己也意识到符合社会规范的东西并不一定是必需品。[7]

需要但不想要

人们常注意到，英美社会的公民总在购买他们“想要”而非真正“需要”的商品。但较少被讨论的是：人们其实也“需要”许多他们并不“想要”的事物。这种现象可从三个维度理解：其一涉及“功能性需求”——当“想要”指代欲望时，人们常购买并不渴望却必需的商品。日常杂货采购中的厕纸、卫生棉条、电池、灯泡等皆属此类。这些物品虽缺乏消费快感，却是维持生活的必要元素。其二源于特定生活方式衍生的需求差异。明星政要“需要”保镖随行，普通民众则无此必要;都市通勤族“需要”地铁月票,而乡村居民则不然。这类需求本质上是由社会角色与生活环境强加的客观要求,与主观欲望无关。同样地,某些职业的从业者可能“需要”防护服来安全开展工作。在更普遍的层面上,购买汽车将随之产生缴纳税费与购买保险的“需求”。这类“需求”可被归类为功能性需求或偶发性需求,而非生存性需求。也就是说,这些需求源于特定的生活方式——尤其可能关联到当事人的职业或主要活动领域,而非直接关乎人类生存本质与质量的事物。当然,这并不意味着此类“需求”不容置疑,因为其依附的生活方式本身就可能存在争议。例如,若证实私家车并非必需品,那么前文所述的由购车衍生的偶发性需求自然随之消弭。由此可见,虽然私家车对公共交通匮乏的乡村居民确属必要,但在拥有完善公交网络的大都市,其非必要性或许同样不言自明。

我们可以在第二种和第三种意义上理解人们“需要”他们并不渴望或想要的事物——这两种情况都涉及生存性需求,即人们为了维持健康、充实的生活所必需的事物。前者指人们可能意识到自己需要某些东西,但这种认知未必能转化为足够强烈的欲望来促使其采取行动。这种情况相当普遍,以减肥为例:人们常常承认自己应该减掉几磅体重(甚至可能得到医生的建议),也表示愿意这么做,却发现自己缺乏足够的意志力将意愿转化为必要行动。后者则指人们可能完全未意识到自己存在未满足的需求,因而需要他人告知其正面临某种匮乏,且应当希望纠正这种情况。沿用前例:假如某人虽然自认为只是略微超重,但实际上已达到医学定义的肥胖标准,却对此浑然不知,那么他就确实需要减肥——这正是后一种情况的体现。

将欲望变为需求

从上述分析中可以明确看出,被判定为人类需求的事物将持续演变——无论这种演变是源自“奢侈品转化为必需品”的社会经济进程,还是源于科学界对身心健康威胁本质的认知发展。尤为引人深思的是,这两股力量之间存在着实质性的张力:一方致力于将欲望转化为需求,另一方则试图将需求降格为欲望,且这两者通过截然不同的制度机制运作。市场显然是实现“欲望需求化”的核心制度载体,它通过多种不同的方式来实现这一目标。一种是将欲望植入需求满足过程中,在基本需求中创造选择性。在西方社会,自来水本就洁净可饮,但通过广告营销,消费者被说服购买标榜水源地、矿物质成分等无关差异的瓶装水(代价高昂数倍)。餐馆将点餐菜单引入进食需求,眼镜店为视力矫正配镜提供琳琅满目的镜框选择,皆属此类——这些原本纯粹的需求满足行为都被植入了欲望要素。

另一种激发市场创造欲望的方式,是对同质产品进行表面差异化。以清洁剂为例,本属单一家居需求,却被细分为浴室专用、厨房专用、玻璃清洁、瓷砖清洁等;服装则按场景拆分为正装、休闲装、夏装、冬装、运动服、沙滩装等。这些案例中，单一的“需求”(饮水、进食、配镜、清洁、穿衣等)通过引入“欲望”要素，被裂变为多重“需求”。而时尚机制的加入更将这一过程几何级放大——它不断注入新颖性(或至少是感知上的新颖性)，为欲望创造添加时间维度。当然还有更直接的计划性淘汰策略：当产品被设计为必然失效时，消费者就不得不承认自己“需要”(而非单纯“想要”)换代新品。除此之外，科技进步推动的新产品浪潮，叠加生活水平提升带来的商品价格走低，共同促使曾经的“奢侈品”逐步被重新归类为“必需品”。[8]

把需要变成需求

在市场驱动的过程中，“欲望”不断转化为“需求”，与此相对应的是公众教育活动，这些活动主要由地方和国家政府或政府支持的机构或半官方组织开展，目的是让公民意识到他们有尚未得到满足的“需求”，应该说服他们“想要”满足这些需求。这里起主导作用的机制是科学理解的进步，主要涉及人们健康长寿所需的条件，而“需要”则产生于人们的实际行为与为实现这一目标所应采取的行为之间的反差。政府选择开展这样的公众教育进程，直接源于其对公民安全和福祉的责任。这一责任一直被理解为包括保护公民免受外来威胁，无论是外国军事力量的入侵还是威胁公民生命的病毒。这一责任显然还包括提供生活必需品，因此也包括提供清洁水、以大多数人能够负担得起的价格供应和分配食品、处理废物、可靠和充足的能源供应、充足和负担得起的住房供应、为无法自理者提供护理系统以及教育和娱乐机会等事项。为了履行这些责任并保护公民免受伤害，政府往往不得不直接干预市场运作。干预的形式可以是禁止销售被判定为有害的产品，例如烈性毒品，或者控制某些产品的购买对象，甚至是控制购买地点和时间，例如酒类或枪支。政府还可以进行干预，调整商品和服务的价格，或确保顾客在购买的商品和服务不合格或有缺陷时有适当的补救途径。[9]正是在这种防止其公民受到伤害的责任背景下，政府认为有必要努力说服他们“想要”科学证明他们“需要”的东西：“需要”是为了成为健康的成年人。在某种程度上，这可以采取直接医疗干预的形式，例如癌症筛查、免疫和疫苗接种计划(Boseley & Meikle，2013)，后者在大流行病中具有特殊意义。所有这些计划都需要公众的合作才能有效实施。当需要公民改变的不是一次性行动，而是一种生活方式时，这就成为一个更大的问题。一个很好的例子就是像“每日5种果蔬”这样确保人们饮食健康的活动。世界卫生组织建议个人“每天至少摄入400克水果和蔬菜(不包括马铃薯和其他淀粉类块茎)”(维基百科，“5-a-Day”词条)。世界上许多国家的政府都采纳了这一口号，在某些情况下，这一建议甚至被提高到每天800克或每日10种果蔬。所有这些都是因为有证据表明，这样的饮食对人们的健康大有裨益，因为它有助于降低患癌症、心脏病、中风或糖尿病的风险。政府还开展了类似的运动，如减少饮酒、戒烟、保持良好睡眠、定期体检、应对压力以及加强锻炼等。在所有这些情况下,政府实际上是在试图说服其公民,他们应该“想要”做一些必要的事情来满足人类的重要“需要”。[10]

当然,任何政府都不能强迫人们保持健康。它只能为人们提供健康所需的信息。政府强迫人们保护自己免受伤害的能力有限,这一点可以从疫苗接种这个棘手的问题上看出来,长期以来,这项措施一直饱受争议。这不仅仅是因为有些人怀疑医学科学,进而怀疑相关疫苗的安全性或有效性,甚至还因为疫苗接种往往与阴谋论密切相关。此外,这一问题还与右翼自由主义意识形态密切相关,该意识形态声称我们的身体是我们自己的责任,不应由政府来管理。这种思想被概括为“保姆国家”的概念。这个词是由英国保守党议员伊恩·麦克劳德(Ian McCloud)创造的,用来表达这样一种观点,即政府或其政策过度保护或过度干预个人选择,因此政府可以比作保姆在儿童中扮演的角色(维基百科,Nanny State 词条)。在某种程度上,政府可能认同这种自由主义理念,那么他们很可能会支持扩大市场的影响力。这不仅意味着政府不愿意采取必要的行动来防止“欲望”变成“需求”,而且还意味着政府会试图利用市场来满足“需要”(如在卫生和教育方面)。[11]然而,事实仍然是,虽然市场可以告诉我们“想要”什么,但只有科学才能提供证据告诉我们“需要”什么,而只有政府有资格界定这些什么。[12]在这方面,政府的工作就是说服我们想要我们需要的东西。[13]

关于需要,封控生活告诉了我们一些什么

基于前文对“将欲望转化为需求”与“将需求转化为欲望”(即让人们主动追求真正所需)这两股力量之间内在张力的分析,我们可以发现,封控生活以一种全新的视角,重新审视了我们对这两类需求的固有认知。一方面,当人们不得不适应那些曾经自认为必需的商品和服务突然缺失的生活时,开始质疑这些产品和服务的必要性究竟是否真实存在。另一方面,封控生活的经历也让部分人意识到,有些过去被忽视的事物,其实才是他们真正需要的。这段特殊时期的经历,以一种鲜明的方式揭示了两个关键事实:政府在引导公众“需求认知”过程中扮演的核心角色,以及科学在界定“需求本质”方面的重要作用。政府必须采取行动来说服民众:若不想染病,或是避免在染病时因医院不堪重负而得不到救治,我们就必须居家隔离;若不得不外出,则需保持社交距离。值得注意的是,这些禁令虽然具有法律强制性,但政府同时开展了大规模的公共宣传,旨在让民众主动“愿意”遵守这些必要措施。从这个角度看,这些举措不过是常规健康教育的延伸,正如前文所述,这本就是政府的常规职责。

封控生活带来一个有趣的现象:它促使人们开始反思,那些因居家隔离而被迫放弃的事物,是否真的不可或缺。这期间,人们不去美甲店或美容院也能生活,这是否说明这些并非

必需服务，而是可以轻易舍弃的奢侈享受？多数人在不去健身房的情况下仍能坚持每日锻炼，是否意味着健身房会员本非必要？外卖配送让人们不必去超市采购，是否表明定期逛超市实属多余？更进一步说，书籍、服装等各类商品都能直接配送到家，是否意味着逛商店本身就不像我们想象的那般必要？居家办公的可行性，是否说明日常通勤本可避免？即便必须通勤，当人们发现骑自行车同样便捷且能避免公共交通的感染风险时，地铁和公交是否会就此成为历史？当然，这些新认知未必能一直延续。或许这些习惯看似可被摒弃，仅仅是特殊时期的假象。由于封控期间减少了与亲友同事的日常接触，人们可能暂时搁置了美容美发等外在形象管理，待社交恢复后又会重拾这些习惯。但另一些改变——如远程办公、骑车或步行通勤——则很可能永久性地改变我们的生活方式，重塑我们过往对“必要之事”的认知边界。正如生态学家西蒙·柯里（Simon Curry）所推测的那样：当一切结束时，人们或许会开始自问——“开车出行是否真有必要？步行是否同样可行？”（引自 cited by Khoo, 2020）。

对洁净空气的需求

当人们思索能否永久舍弃那些被迫放弃的事物时，他们也发现了封控前难以获得的积极体验。这一点在空气污染问题上表现得尤为明显。随着几乎所有主要交通方式停摆，或至少缩减至仅保障食品、药品运输和必要工作者通勤的最低需求，空气质量发生了惊人的变化。这种变化在快速发展中国家最为显著。以德里为例：封控前空气质量指数(AQI)高达900（世界卫生组织认定超过25即不安全），封控期间降至30左右；一场阵雨后的午后，甚至达到了7的历史低值7(Ellis-Peterson et al., 2020)。西欧（Chadwick，2020）、北美（Freedman & Tierney，2020）多数主要城市的空气质量也有显著改善，虽不及前者那般惊人。空气中污染物浓度的大幅下降，除了带来呼吸新鲜空气的健康益处外，还产生了其他积极影响。城市居民注意到，平日笼罩在雾霾中的天空呈现出罕见的湛蓝；加德满都的居民更是多年来首次得以远眺珠穆朗玛峰（Kobalenko，2020）。

问题的关键并不在于封控前人们不“渴望”无污染的空气，或是对空气污染问题缺乏认知。毕竟，多年来已有特定组织（如“地球之友”等环保团体）大力倡导解决这一问题[14]，各国和地方政府也采取了相应治理措施。实质在于，亲身体验洁净空气似乎改变了人们对问题严重性的认知，进而真正意识到其对健康的现实威胁（这一认知因“高污染地区新冠肺炎的发病率更高”的事实而得到强化）。可以说，知晓空气污染问题的存在是一回事，但唯有亲身呼吸过洁净空气，人们才真正理解到这是多么“必需”的生存条件。

对亲近自然的需求

封控措施的实施以及随之而来的交通骤减——无论是公路、铁路还是航空——除了改善空气质量,还带来了其他显著影响。其中最受热议的,是人们对自然世界的新认知:交通噪音的减弱让鸟鸣变得格外清晰。更引人注目的是,当大多数人被限制在室内时,野生动物(包括某些家养动物)开始“接管”人类腾出的城市空间[15]。威尔士兰迪德诺街头出现漫游的山羊,新西兰基督城的街道被兔群占据,土耳其阿达纳市迎来安家的鹅群,泰国的酒店泳池则成为蜥蜴的乐园。这些“入侵”不仅让城市居民更意识到其他生命形式的存在,更让他们认识到自己与这些非人类邻居共享着生存空间。而封控本身也促使许多人重新思考自然的价值——仅仅因为被迫长期待在室内。当然,那些拥有花园的人仍能获得有限的自然接触。英国皇家园艺学会调查显示,57%拥有花园的受访者表示比封控前更珍视这片空间,71%的人认为花园有益心理健康。但令人忧心的是,八分之一的人无法使用私人或共享花园(在伦敦这一比例升至五分之一),于是有人感叹:“如今社会分为两个阶层——有花园的人和我们其他人”(Bell,2020;Blackall,2020)。

可以理解的是,当酒吧、餐馆和大多数商店全部关闭时,人们迫切需要逃离室内封闭空间,前往公园、绿地等开放场所活动。不出所料,封控期间公园使用率比平常高出16%(Bell,2020)。英国政府认识到公园在封控期间的价值,地方政府事务大臣罗伯特·詹里克(Robert Jenrick)下令所有市政公园必须保持开放。詹里克先生指出:“全国范围内出现公园关闭的案例,这是不应该的。虽然病毒不会区别对待,但我们知道封控对那些居住空间狭小、没有花园、孩子无处奔跑的家庭更为艰难。”他强调,为了“国民健康”,“人们需要公园……必须能够享受新鲜空气和绿地空间”(Kitching & Connolly,2020)。这种对绿地健康效益的明确认知是封控带来的另一直接结果——尽管相关证据早已存在,但强制居家措施使其重要性凸显。研究表明:居住在绿化较好城区的人群抑郁或焦虑症状更少;搬到绿地附近居住对心理健康的长期积极影响甚至超过加薪或升职(Kinver,2014)。优质城市公园的公共健康效益已得到证实,即便仅仅是观赏自然景观也能提振情绪(Carrington,2011)。同时,园艺活动的健康效益也有充分记载——2018年丹麦一项研究表明,园艺产生的效果堪比认知疗法(Kinver,2014)[16]。

对社群联结的需求

封控期间凸显的另一重要“需求”,是解决孤独感与社会隔离问题。这其实在之前就已是公认的社会难题——调查显示英国约900万人长期处于孤独状态,且不分年龄层[17]。由于孤独被证实与肥胖、缺乏运动、酗酒吸毒等心理问题相关，其危害堪比每日吸15支香烟的死亡率，被视为国家危机(Jones，2020)，英国政府早在2018年1月就设立了“孤独大臣”职位(Lee，2018)。而在大流行病背景下，当独居老人等群体的孤独问题加剧时，强制居家令(仅在必要时外出且保持社交距离)必然使这一严峻问题雪上加霜。为此，英国政府于2020年4月启动专项应对计划。文化大臣奥利弗·道登(Oliver Dowden)宣布投入7.5亿英镑慈善基金，旨在确保“所有年龄和背景的人居家期间不必承受孤独”。该计划不仅资助“英国年龄”等全国性组织及地方社区团体，更构建了由知名慈善机构、企业、组织与公众人物组成的协作网络，其核心目标是“探索凝聚社群的新方式，重点关注孤独高风险群体”(Department of Digital Culture，Media and Sport，2020)。

要准确评估这项政府行动在多大程度上实现了预期目标并非易事。但有充分证据表明，封控期间英国社会确实涌现出新的共同体意识，人们重新认识到社交联系与互助的价值。这种转变最鲜明的体现莫过于每周的“为医护者鼓掌”活动。这个定期举行的仪式让曾经鲜少往来的邻里开始互动，使那些长期处于孤立状态的人们首次感受到社区归属感。在许多地方，这一过程还催生了新的社区自发行动(Falkner，2020)。与之相伴的是志愿服务的大规模兴起——数百万英国人自发组成“志愿军团”，为他人代购生活物资、取送处方药、慰问独居者，或在社区食物银行提供帮助。正如白金汉郡斯托克波吉斯“好邻居计划”负责人苏·林(Sue Lync)所言：“社区精神前所未有地凸显……人们团结一心，相互照应”(Morrissy-Swan，2020)。《卫报》记者埃斯特·阿德利(Esther Addley)援引的系列民调显示，封控意外促成了“一段邻里关系空前紧密的时期”(Addley，2020)。报道中特别提到爱丁堡退休教师帕姆·麦凯(Pam Mackay)的感言：当邻居们保持社交距离为她庆祝生日时，她动情地说：“我有生以来第一次感受到身处‘村落’般的共同体中。我真心希望——真心希望——这份情谊不会消失。”这种社区联结很可能持续下去：数据显示，大多数在封控期间参与社区志愿服务的英国人都表示以后仍将继续这份事业(Jones，2020)。

对互联网接入的需求

在面对面交流受阻的背景下，互联网和社交媒体不仅帮助民众适应封控生活，更成为推动志愿服务和社区活动激增的关键媒介。英国互联网使用量在封控期间翻倍的事实(Griffin，2020)，印证了其不可或缺的地位。然而，这场危机也暴露出严峻的数字鸿沟：190万个英国家庭完全无法接入网络，另有数千万人依赖预付费服务进行通话或获取在线医疗、教育和福利。一线社区组织和慈善机构警告，最贫困弱势群体遭遇的数字排斥正在全国范围内造成灾难性影响。“美好事物基金会”(Good Things Foundation)首席执行官海伦·米尔纳(Helen Milner)指出问题的严重程度“令人震惊”：“无力购买流量的预付费用户被困家中，因无法与外界沟通而陷入社会隔离”(Kelly,2020)。当富裕家庭能通过互联网实现居家办公、在线购物、“虚拟课堂”和亲情联络时,贫困阶层却被完全排除在这些数字生活之外。尽管政府尝试为15岁无电脑学生提供设备(Coughlan,2020),但这一举措收效有限(Ferguson & Savage,2020),且未能从根本上解决“数字贫困”问题。联合国早在2016年就宣布互联网接入是一项基本人权(Howell & West,2016;Berners-Lee,2020),以前关于技术接入是否应被视为人权的辩论,在封控期间获得了新的论据:互联网不仅是实现言论自由、信息获取等权利的关键工具(Cerf,2012),更是保障食物、药品获取和社会联系等基本需求的必要基础设施。承认这一观点,意味着应将网络接入视作与水电同等的“基本生活必需品”,成为直通每家每户的公共事业(Gallagher,2020)。[18]

结　论

人们通常认为,过度消费的核心原因在于太多消费者购买了想要而非需要的商品和服务。然而这一批评始终存在一个根本问题:如何准确界定人类基本需求?如果我们无法明确识别“需求”,又怎能精确定义何为“欲望”?若不能有效区分二者,我们又如何对基于欲望的消费进行理性批判?前文论述试图借助封控生活的特殊经验来回应这一难题——当“何为必需品”成为社会焦点时,我们获得了绝佳的观察窗口。这种区分既直观体现在社会对必要工作与非必要工作的分类上(关键岗位工作者因此获得特殊关注),也深刻反映在对维持身心健康“所需之物”的重新界定上。

上述分析揭示了两种截然不同的需求评估路径:一种基于社会规范,另一种则植根于科学判断。在大流行病的特殊封控背景下,后者显然占据了主导地位。事实上,即便在封控体验之前,将需求简单等同于“人人不可或缺之物”的规范性概念就值得商榷——若依此定义,只要社会中有足够多人渴望且负担得起某商品,该商品就必然被划为“必需品”;而唯一能阻止奢侈品向必需品转化的刹车器,竟是经济衰退导致的生活水平下降与消费需求萎缩。如此定义下的需求观,显然难以支撑可持续发展的未来。[19]

由此可见,唯有将需求科学地界定为“维持健康充实生活的必要条件”(或“避免人们遭受伤害的必需要素”),才能既遏制需求的无限扩张,又实现全民美好生活的愿景。当然,科学认知的进步仍可能推动需求范畴的拓展——但这是知识演进的自然结果,而非财富增长的附带效应。

但封控生活的独特价值在于,它成功揭示了人们长期未被满足的重要需求。我们已识别出其中四项:洁净的空气、亲近自然的机会、社交联结与社区归属感,以及便捷的网络接入。[20]尽管以前人们已模糊意识到这些“要素”对健康的益处,但封控措施使其重要性骤然凸显。正是在这段特殊时期,许多人首次体会到:呼吸未受污染的空气是何等舒畅;当道路车流与空中航班的喧嚣消失后,聆听自然之声、观赏自然之景是如此愉悦;与邻里相识、帮扶孤寡老弱、感受鲜活社区的生命力,竟能带来如此深切的满足感。

可以说,大流行病揭示了一个关键事实:市场虽是满足人们欲望的绝佳机制,却无力保障基本需求的实现。诚然,市场能推销自然主题的度假产品,开发商也可主打带花园的住宅而非公寓楼,但它无法确保每位市民都能便捷抵达公园、公共绿地或自然保护区;市场虽能提供网络服务(及各类电子设备),却无法保证所有人都负担得起这些服务。至于洁净空气和社交联结,市场在这些"公共品"领域更是几乎无能为力——这些必须是政府的责任。封控经历以极其鲜明的方式表明:若要让需求战胜欲望,我们不仅需要以科学而非规范的方式定义需求,更需将权力平衡从市场转向政府。后者应通过立法或基于科学认知的公共宣传,积极应对这些需求。这一启示理应超越特殊时期而持续发挥作用——但前提是政府必须被说服并采取行动,即公民必须首先"想要"这些需求得到满足。这引发了关于欲望与需求关系的深刻思考:我们对非必需品的渴望,是否正源于必需品的缺失?在驯服过度消费这头"野兽"时,说服人们"想要"他们真正需要的,或许与劝诫他们"不想要"非必需的同等重要。

注 释

[1] 适当观察者的关键作用体现在:一个人甚至无须具备清醒意识,就可能被判定为"存在需求"。

[2] 当然,意识到自身"需求"并不意味着个体必然有能力满足该需求。他们可能缺乏购买所需品的资源,也可能受环境所限而无法实现——例如经济衰退时期的求职需求,或是行动受限的独居者面临的孤独困境。

[3] 并非所有的人类"需求"都必须表述为某种特定匮乏。因为某种匮乏也可能源于其对立面的过剩。因此,需求不仅可以被界定为"缺乏x",也可以表述为"y的过剩"。例如,睡眠不足可以表述为清醒时间过长,缺乏运动可以转化为久坐活动过多。

[4] 贫困研究的早期先驱之一查尔斯·布斯(Charles Booth)将绝对贫困定义为"缺乏维持身体健康存在的基本需求"。[维基百科,"查尔斯·布斯(社会改革家)"词条]

[5] 联合国对绝对贫困的定义在此基础上增加了"教育和信息"(参见"贫困的衡量:绝对贫困与相对贫困"词条)。

[6] 当然,当时的专家意见并不认为香烟有害健康。但即便在确认香烟危害健康后,这一

习惯仍长期保持着社会接受度。

[7] 需要特别指出的是,即使某种广泛普及的“规范性”产品失去其“必需品”地位,也未必意味着它会回归“需求品”范畴,更遑论降级为“奢侈品”——技术革新往往是这类产品地位变迁的主因。例如,智能手机的普及就使得固定电话不再像过去那样被视为生活必需品。

[8] 长期以来,人们普遍预期生活水平将持续提升,并认为这一进程将使越来越多的奢侈品转化为必需品。但历史表明,在生活水平阶段性下降时期,反而会出现逆向转化——曾经的“必需品”可能重新变为“奢侈品”。

[9] 在英国,产品安全与标准办公室(OPSS)负责确保市售产品符合政府安全标准;食品标准局(FSA)则监管英格兰、威尔士和北爱尔兰的食品安全与卫生事务。

[10] 政府还可能通过行为干预促进民生改善,比如推动民众购买人寿保险或制订养老计划——这些虽属公民“需求”,却常需外力推动。英国“助推小组”(Nudge Unit)正致力于通过行为经济学原理,引导公众培养积极行为模式。

[11] 这引发深层争议:当个人自愿选择时,是否应享有自我伤害的权利?

[12] 除政府机构外,ASH(吸烟与健康行动组织)等慈善机构也在公众需求认知教育中发挥重要作用,且多与政府部门协同行动。

[13] 值得注意的是,英国政府通信服务署明确将“行为改变”列为核心职能。

[14] 参见2017年英格兰清洁空气区的设立。

[15] 然而值得深思的是,在人类活动减少的时期,乡村地区的野生动物反而繁衍生息——这种现象在那些平日游客如织的自然保护区和风景名胜地尤为显著。

[16] 有趣的是,居家隔离经历显著改变了住房需求:带花园住宅溢价明显,公寓需求则持续走低(Peachey,2020)。

[17] 见 Independent Age’s Campaign to End Loneliness。网址:https://www.campaigntoend-loneliness.org/loneliness-research/

[18] 在2019年英国大选中,工党竞选纲领承诺建设全民光纤网络,拟成立“英国宽带基础设施公司”和“英国宽带服务公司”,旨在使互联网接入达到目前英国广播公司的普及程度。(参见《重建我们的公共服务》,2019年工党竞选纲领)

[19] 某种程度上,这种趋势在封控前就已显现——年轻人拥有自有住房的可能性持续降低,获得充足退休金的前景同样日趋黯淡。

[20] 封控措施还使另一项需求凸显:对更安全环境的需求。数据显示,疫情期间犯罪率及交通事故数量均显著下降(Dodd, 2020)。

参考文献

Addley, Esther (2020) 'I Feel as if I Am Part of a Village: How Covid-19 Has Transformed Neighbours into Communities', *The Guardian*, 6 June。Available online at www.press-reader.com/uk/the-guardian/20200606/281861530731968. Accessed 12 June 2020.

American Geophysical Union (2020) 'COVID-19 Lockdowns Signi fi cantly Impacting Global Air Quality', *Phys.org.*, 11 May. Available online at https://phys.org/news/2020-05-covid-lockdowns-significantly-impacting-global.html. Accessed 29 May 2020.

Bauman, Z. (2007) *Consuming Life*. Cambridge: Polity Press.

Bell, T. (2020) 'In Lockdown Gardens Have Become the New, Great Social Divide', The Guardian, 17 May. Available online at https://www.thegua rdian.com/ commentisfree/2020/may/17/in-lockdown-gardens-have-become-the-new-great-social-divide. Accessed 5 June 2020.

Berners-Lee, T. (2020) 'Covid 19 Makes It Clearer Than Ever: Access to the Internet Should Be a Human Right', *The Guardian*, 4 June. Available online at https://www.theguardian.com/ commentisfree/2020/jun/04/covid-19-internet- universal-right-lockdown-online. Accessed 22 June.

Blackall, M. (2020) 'Lockdown UK: There Are Now Two Classes, People with Gardens and the Rest of Us', *The Guardian*, 23 April. Available online at https://www.theguardian.com/world/2020/apr/23/trapped-in-coronavirus-lockdown-uk-no-garden-outside-space. Accessed 7 May 2020.

Boseley, S. and J. Meikle (2013) 'Vaccination Campaign Launches with Hope of Halting Measles Outbreak', *The Guardian*, 25 April. Available online at https://www.theguardian. com/society/2013/apr/25/vaccination-campaign-mmr-measles. Accessed 16 June 2020.

Burrows, R. and C. Marsh (1992) *Consumption and Class: Divisions and Change*. New

York: St. Martin's Press.

Butler, P. (2018) 'What Is the New UK Poverty Measure—And Why Is It Needed?' *The Guardian*, Sunday 16 September. Available online at https://www.theguardian.com/society/2018/sep/16/what-is-the-new-uk-poverty- measure-and-why-is-it-needed. Accessed 20 June 2020.

Campbell, C. (1997) 'Shopping, Pleasure and the Sex War', in P. Falk and C. Campbell (eds.) *The Shopping Experience*. London: Sage, 166-76.

——(1998) 'Consumption and the Rhetorics of Need and Want', *Journal of Design History* 11 (3): 235-46.

Carrington, D. (2011) 'UK Green Spaces Worth at Least £30bn a Year in Health and Welfare, a Report Finds', *The Guardian*, 2 June. Available online at https://www.theguardian.com/environment/2011/jun/02/uk-green-spaces-value. Accessed 3 July 2020.

Cerf, V. G. (2012) 'Internet Access Is Not a Human Right', *New York Times*, 4 January 2012. Available online at https://www. nytimes. com/2012/01/05/ opinion/internet-access-is- not-a-human-right.html. Accessed 6 July 2020.

Chadwick, J. (2020) 'Air Pollution Is Halved in London, Rome and Milan', *mailonline*, 26 March 2020. Available online at https://www. dailymail. co. uk/sciencetech/ article-8150799/Air-pollution-falls-London-coronavirus-lockdown-period. html. Accessed 10 June 2020.

Coughlan, S. (2020) 'Coronavirus Lockdown: Laptops Offered for Online School Lessons at Home', *BBC News*, 19 April. Available online at https:// www.bbc.co.uk/ news/ education-52341596. Accessed 12 May 2020.

De Graaf, J. and D. Waan (2014) *Affluenza: How Overconsumption Is Killing Us—And How to Fight Back*. New York: Berrett-Koehler.

Dodd, V. (2020) 'Crime in UK Falls Sharply Since Start of Coronavirus Lockdown', *Guardian* 15 April. Available online at https://www.theguardian.com/uk-news/2020/apr/15/ in-uk-falls-sharply-since-start-of-coronavirus-lockdown. Accessed 14 May 2020.

Ellis-Peterson, H. et al. (2020) 'It's Positively Alpine! Disbelief in Big Cities as Air Pollution Falls', *The Guardian*, 11 April. Available online at https://www.theguardian.com/environment/2020/apr/11/positively-alpine-disbelief-air-pollution-falls-lockdowncoronavirus. Accessed 20 June 2020.

Falkner, D. (2020) 'Coronavirus: Is This the Final Hurrah for Clap for Carers?' *BBC News*, 28 May. Available online at https://www. bbc. co. uk/news/uk-52818869. Accessed 20 June 2020.

Ferguson, D. and M. Savage (2020) 'We' re Still Waiting': Schools Lack Free Laptops Pledged for Poorer GCSE Pupils', *The Guardian*, 7 June. Available online at https:// www. theguardian. com/education/2020/jun/07/were-still-waiting-schools-still-lack-free-laptops-pledged-to-help-poorer-gcse-pupils. Accessed 3 July 2020.

Freedman, A. and L. Tierney (2020) 'The Silver Lining to Coronavirus Lockdown: Air Quality Is Improving: The Pandemic Response Has Cleared the Air from Los Angeles to Wuhan, China', *The Washington Post*, 9 April. Available online at https://www.washingtonpost. com/gdpr-consent/?next_url=https% 3a% 2f% 2fwww. washingtonpost. com% 2fweather% 2f2020%2f04%2f09%2fair-quality-improving-coronavirus% 2f. Accessed 12 July 2020.

Galbraith, K. (1979) *The Affluent Society*, 3rd ed. rev. Harmondsworth, Middlesex: Penguin Books.

Gallagher, B. (2020) 'Nationalize the Internet', *dailydot.com* 28 February. Available online at https://www. dailydot. com/debug/nationalize-internet-net-neutrality/. Accessed 27 March 2020.

Griffin, A. (2020) 'UK Coronavirus Lockdown Has Led Daytime Internet Usage to More Than Double, Virgin Media Says', *The Independent*, 25 March. Available online at https://www.independent.co.uk/life-style/gadgets-and-tech/news/coronavirus-uk-lockdown-internet-broadband-wifi-virgin-usage-traf fi c-data-a9424441. html. Accessed 10 May 2020.

Guru, S. (n. d.) 'Measurement of Poverty: Absolute and Relative Poverty', *Yourarticlelibrary.com*. Accessed 25 May 2020.

Howell, C. and D. M. West (2016) 'The Internet as a Human Right', brookings.edu 7 November. Available online at https://www.brookings.edu/blog/ techtank/2016/11/07/ the-internet-as-a-human-right/. Accessed 12 March 2020.

Jones, O. (2020) 'Loneliness Is a National Crisis: But There Is a Way to Tackle It', *The*

Guardian, 7 February. Available online at https://www. theguardian. com/commentisfree/ 2020/feb/07/loneliness-social-connect-local-communities. Accessed 4 July 2020.

Jones, R. (2020) ‘UK Volunteering Soars During Coronavirus Crisis’, *The Guardian*, 26 May. Available online at https://www. theguardian. com/society/2020/may/26/uk-volunteering-coronavirus-crisis-community-lockdown. Accessed 4 July 2020.

Joseph Rowntree Foundation (1999) *Poverty and Social Exclusion Survey*. Available on line at https://www. poverty. ac. uk/pse-research/past-uk-research/psebritain-1999. Accessed 12 July 2020.

Kelly, A. (2020) ‘Digital Divide “Isolates and Endangers” Millions of UK’ s Poorest’, *The Guardian*, 28 April. Available online at https://www.theguardian.com/world/2020/apr/28/digital-divide-isolates-and-endangers-millions-of-uk-poorest. Accessed 14 May 2020.

Khoo, A. (2020) ‘Coronavirus Lockdown Sees Air Pollution Plummet Across UK’, *BBC Shared Data Unit*, 8 April. Available online at https://www. bbc. co. uk/news/uk- england-52202974. Accessed 13 June 2020.

Kinver, M. (2014) ‘Green Spaces Have Lasting Positive Effect on Well-Being’, *BBC News*, 12 January. Available at https://www. bbc. co. uk/news/science-environment-25682368. Accessed 4 June 2020.

Kitching, C. and S. Connolly (2020) ‘Government Orders Local Councils to Keep Parks Open During Lockdown’, *The Mirror*, 18 April. Available online at https://www. mirror. co. uk/news/politics/breaking-government-orders-local-councils-21888172. Accessed 13 June 2020.

Kobalenko, J. (2020) ‘Stop the Presses! Everest Visible from Kathmandu’, *explorersweb. com*, 21 May. Available online at https://explorersweb. com/2020/05/21/stop-the-presses-everest-visible-from-kathmandu/. Accessed 3 July 2020.

Lee. B. Y. (2018) ‘UK Has a Minister for Loneliness: This Is How Bad Is Has Got’, *forbes. com*. 21 January. Available online at https://www.forbes.com/sites/brucelee/2018/01/21/uk-has-a-minister-of-loneliness-this-is-how-bad-loneliness-has-gotten/#32fd83516cc5. Accessed 4 June 2020.

Maslow, A. (2011) *Hierarchy of Needs: A Theory of Human Motivation*. New York: all-about-psychology.com.

Mendes, E. (2011) 'Americans' Access to Basic Necessities at Recession Level: More Americans Struggling to Access Healthcare, Food and Shelter', *News-gallup.com.*, 13 October. Available online at https://news.gallup.com/poll/ 150122/ americans- access-basic-necessities-recession-level.aspx. Accessed 7 July 2020.

Morrissy-Swan, T. (2020) 'Lockdown Awards: Vote for Britain's Coronavirus "Community Hero"', *The Telegraph*, 19 May. Available online at https:// www.telegraph.co. uk/family/life/lockdown-awards-vote-britains-coronavirus-community-hero/. Accessed 20 June 2020.

Peachey, K. (2020) 'Coronavirus: What to Sell a Home? Make the Garden Look Nice', *BBC News*, 5 June. Available online at https://www. bbc. co. uk/ news/business-52922313. Accessed 3 July 2020.

Pew Research Centre. (2006) https://www. pewresearch. org/social-trends/wp-content/uploads/sites/3/2010/10/Luxury.pdf. Accessed 12 July 2020.

Sen, A. (1983) *Poverty and Famines: An Essay on Entitlement and Deprivation.* Oxford: Oxford University Press.

Slater, D. (1997) *Consumer Culture and Modernity.* Cambridge: Polity Press.

Tanno, S. (2020) 'Hippos "Surf" at Deserted Beach...', *mailonline*, 29 April. Available online at https://www. dailymail. co. uk/news/article-8268769/Animals-advantage-world-coronavirus-lockdown.html. Accessed 6 July 2020.

Townsend, P. (1979) *Poverty in the United Kingdom.* London: Allen Lane and Penguin Books.

Veblen, T. (1925) *The Theory of the Leisure Class: An Economic Study of Institutions.* London: George Allen and Unwin.

Wikipedia, s. v. 'Charles Booth (Social Reformer)'

Wikipedia, s. v. 'Poverty'

Wikipedia, s. v. '5ADay'

Wikipedia, s. v. 'Nanny State'

Wikipedia, s. v. 'Hyper-consumerism'